LLUÍS COSTA

LAS CONSTRUCCIONES NACIONALES: ENTRE EL IMAGINARIO Y LA REALIDAD

LA FORMACIÓN DE LA CONCIENCIA NACIONAL CUBANA DESPUÉS DE 1898. ANÁLISIS COMPARATIVO CON LOS CASOS DE LAS IDENTIDADES ESPAÑOLA, CATALANA Y PORTORRIQUEÑA

la tempestad | no ficción

Las construcciones nacionales: entre el imaginario y la realidad.
La formación de la conciencia nacional cubana después de 1898. Análisis
comparativo con los casos de las identidades española, catalana y portorriqueña

Primera edición: septiembre de 2017

Título original: *Les construccions nacionals: entre l'imaginari i la
realitat: La formació de la consciència nacional cubana després del
1898. Anàlisi comparativa amb els casos de les identitats espanyola,
catalana i porto-riquenya*

© Lluís Costa
© Traducción del catalán: Manel Peris Grau.
© de esta edición: Ediciones de La Tempestad SL, 2017
    Diseño editorial: Roger Castillejo Olán

Imagen de cubierta: *La Habana a mediados del siglo xix.* Grabado de
J. Bachman, Nueva York, 1851.

Ediciones La Tempestad®
c/ Pujades, 6 - Local 2
08005 Barcelona
Tel: 932 250 439
E-mail: info@llibresindex.com
www.edicionestempestad.com

ISBN: 978-84-7948-144-5
Impreso en la Unión Europea

Sumario

Alegoría de la República de Cuba

Prólogo

Yo he preferido hablar de cosas imposibles,
Porque de lo posible se sabe demasiado
Sílvio Rodríguez, "Resumen de noticias".
Al final de este viaje (1978)

Le possible est le mirage du présent dans le passé
Henri Bergson

ESTOS DÍAS ME he sentido una poco como aquel Ángel de la Historia que describía Walter Benjamin inspirándose en un cuadro de Paul Klee: pequeñas y grandes catástrofes, a menudo cotidianas o banales, se acumulaban ante mí retrasando este trabajo. El tiempo también se dilataba, detenía o aceleraba, complicando la lectura. Pese a todo, leer el texto de Lluís Costa, reflexionar acerca de las cuestiones que suscita o que sobrevuelan su escrito, tomar notas y escribir unas –estas– líneas, ha sido un verdadero placer. Las páginas que tiene en sus manos el amable lector representan una aportación muy significativa acerca de las naciones, los nacionalismos, los procesos de nacionalización y cómo la educación y la historia escolar son una parte importante de todo ello. Esta aportación, de este tipo y nivel solo se podía alcanzar, como muy bien lo advirtió Lluís Costa, mediante una aproximación de carácter comparativo, el cual permite entrever, por ahora solo tentativamente, rasgos comunes, paralelos y contrastes entre procesos históricos que se desarrollan en contextos, circunstancias y cronologías parcialmente coincidentes. La contribución también está en el primer planteamiento de un marco que debe permitir ulteriores desarrollos, ya sea profundizando o matizando monográficamente elementos o análisis aquí solo apuntados o bien con la creación de una nueva obra de conjunto que profundice más o amplíe los límites temáticos, territoriales o cronológicos.

Oso decir también que este es un libro fantástico, poblado de espectros, fantasmagorías, invenciones y zombis, pero también de descubrimientos, utopías, proyectos e ilusiones. No en vano, y como ya nos dijo de algún modo Renan, mitos y olvidos son tan o más importantes que la siempre inalcanzable historia "tal y como realmente sucedió". Como escribe Magí Sunyer en su libro de 2006 *Els mites nacionals catalans*, los mitos o la ficción pueden tener mucha más fuerza que la historia "científica", estar siempre presentes, renacer cada vez sin acabar de morirse nunca. Espectros, fantasmagorías, muertos vivientes, son como aquellas imágenes, motivos o formas, "clásicas" o no, que, para Aby Warburg, parecen ser recurrentemente "reconocidas" al ser "descubiertas", pues habían sido aparentemente olvidadas, pero, incluso "muertas", parece que nunca lo estuvo su significado. Se trata de un razonamiento parecido al de la imagen dialéctica benjaminiana o como cuando Perejaume enlaza temas y formas del barroco catalán con las vanguardias catalanas, a un tiempo locales y globales, sin necesidad de continuidades o tradiciones. En todo caso, como recoge en su texto Lluís Costa, incluso el mito o la literatura acaban poseyendo su propia realidad, su impacto real en el imaginario individual y colectivo. De cualquier modo, parece evidente que las popularizaciones históricas, la novela histórica o la inevitablemente inexacta, simplificadora, normativa y cargada ideológicamente historia escolar, todos ellos generalmente ajenos a revisionismos historiográficos y debates teóricos, constituyen la parte fundamental de cómo una sociedad se ve y se piensa en relación con su pasado.

Quiero pensar que me encargan la escritura de este prólogo por mi cualidad de monstruo, prácticamente de imposibilidad. Desde una atalaya en una montaña de Puerto Rico, con un pie en el catalán Baix Llobregat y el otro en San Juan, mi estrábica mirada tiene un ojo puesto en los diputados que van y vienen De la Villa y Corte diciendo que son los últimos y que exigen que se organice o permita un referéndum de autodeterminación, el otro en cómo se decide en Washington o Nueva York el futuro de una isla que parece ser solo una deuda que flota en medio del Caribe. Cambio el dial de la radio virtual y igual escucho los partidos del Barça en catalán con la voz del famoso Puyal, como la descripción del apoteósico recibimiento en la isla de una campeona –con antepasados catalanes y cubanos, que ha crecido y se ha formado como jugadora en los Estados Unidos– que ha representado a Puerto Rico en las olimpiadas de Brasil del 2016 y ha ganado la medalla de oro para "su país". A veces, de noche, oigo los coquís y los sonidos de aves desconocidas e invisibles que se acompasan con el *flabiol* que acompaña la voz del cantante catalán de Solsona Roger Mas.

No me atrevo a decir que Lluís Costa sea también un monstruo. Sí puedo decir que, si nos atrevemos a pensar el Océano como una especie de tintero, el Dr. Costa igual moja su pluma en las olas del Mare Nostrum como en el malecón "caribeño" de La Habana; que es tan capaz de hablar de la prensa cubana en Girona, o de la migración desde Begur al Caribe, como de la historia del Barça en el difunto Café Barcelona en San Juan de Puerto Rico. Este libro está poblado de monstruos, pues monstruoso es aquello que, simultáneamente, parece incongruente y puede ser pensado como muestra, signo o símbolo, en este caso de una época y de unos procesos de formulación y reformulación de las identidades colectivas. Muchos de los autores, pensadores, políticos y pedagogos que habitan estas páginas no solo habían vivido o estudiado en dos o más riberas, sino que, a priori, parecería que frecuentemente defendían posturas incoherentes, contradictorias, incluso, podríamos decir, desde una lógica *absolutista*, esencialista y anacrónica, absurdas. Existe también, pero no solo, un componente territorial en todas estas dinámicas, que tiene que ver con el desplazamiento, la experiencia de los lugares diferentes, incluso con aquello de decir una cosa en un lugar y otra muy diferente en otro. Lluís Costa sabe mucho de estas dislocaciones, de aquel estar y no estar a la vez, de la catalana y publicada en La Gran Manzana, *La Llumanera de Nova York*, o de la prensa escrita en catalán en Cuba. Las conexiones existen, las constelaciones –y las repeticiones aparentes– aparecen hasta sin pretenderlo.

Quizás la nación sea un fantasma o un zombi, la identidad nacional una invención. Quizás la nación no exista, pero funciona. Como las brujas del dicho gallego, puedes no creer en su existencia, "pero haberlas haylas". El antropólogo Manuel Delgado lo dice de otra manera –y también lo hace respecto al nacionalismo–: "la nación no es, la nación se usa". Si dejamos de lado los estériles debates legales y constitucionales, si hacemos un poco como se explica en el *Tirant lo Blanch* y colgamos metafóricamente a los hombres de leyes, si nos olvidamos de sus teorías y de sus ideales, que pertenecen a otro nivel y lógica de pensamiento que en realidad no es real, ni histórico ni político, aquello que nos queda para definir la nación es muy escaso, escurridizo y resbaloso. Las tradiciones que hablaban del carácter nacional, del folklore característico, de una historia inexorable que nos hace quienes somos y construye nuestra identidad nacional, todavía son vigentes, aunque se fundamenten, implícita o explícitamente, en el esencialismo, el determinismo, cuando no en un racismo que surge por poco que se rasque un poco la superficie. La confusión de causas y orígenes tiene que ver asimismo con la necesidad de remontar cada vez más hacia el pasado la identidad que se quiere fundamentar. En el caso de España, el catolicismo, los visigodos, los Reyes Católicos y el Descubrimiento parecen esenciales, pero también existe una necesidad, que ya está de alguna manera en Isidoro de Sevilla, de identificarse con un territorio, con aquel "solar" que precisamente Miquel Barceló insistió en negar. En Cataluña, algunos momentos de la expansión durante la época medieval y "Les Grans Cròniques", así como un malentendido en torno a una reflexión de Pierre Vilar, han generado ciertas interpretaciones que sostienen que la nación ya existía en aquel tiempo tan remoto. En realidad, lo máximo que se puede documentar, como nos explican algunos historiadores de la Época Moderna o, a su manera, nos presenta en la ficción Albert Sánchez Pinyol en la saga *Victus*, es una especie de protonacionalismo popular en el marco de una identificación con unas instituciones relativamente representativas y unas leyes propias, diferenciadas del monarca y que tienden a asimilarse con el ambiguo y arraigado concepto de "La Terra". En el Caribe, la identidad diferenciada a veces se quiere llevar hasta inicios del siglo XIX, incluso en ocasiones se afirman rasgos característicos o patronímicos específicos en el siglo XVIII, pero no parece que esto se pueda definir todavía como una nación o, por lo menos, no existen pruebas de que, tomando prestada la expresión de Luis Mattei, el cubano o el puertorriqueño fuese entonces un "sujeto histórico" y tuviera, añado, "consciencia de serlo" –no me atrevo a añadir aquello de actuar en consecuencia, como lo hizo E. P. Thompson en su estudio clásico de la formación de otra identidad social, la clase obrera, con unas reflexiones que resuenan en el debate en torno a la nación.

El problema y la necesaria sutilidad terminológica provocan que sea complicado decir, precisamente, qué es no solo la nación, o la identidad nacional, desde cuándo existen y cómo se formulan, sino qué podemos entender bajo la etiqueta de "nacionalismo". Si se me permite volver a referirme a Manuel Delgado y parafrasearlo, el nacionalismo no existe, sino que se utiliza. Es indiferente si se trata de la afirmación de las bellezas y bondades más o menos exacerbadas de la propia tierra, de la afirmación de un carácter o identidad diferenciada y/o excluyente, de la reconstrucción de un pasado más o menos idealizado o mítico, de la identificación con supuestos héroes y personajes prototípicos (el mambí y el jíbaro, el hidalgo castellano, también el almogávar, el payés, la *pubilla* o el *botiguer català*), lo importante es cómo sirven para justificar o defender posturas políticas, intereses económicos, modelos sociales, concepciones de cómo debería ser la sociedad, o proyectos de futuro de la nación. Y la relación no es para nada clara, unívoca ni aparentemente coherente, como muy bien sabemos en Cataluña: se puede ser nacionalista, defender la lengua y las tradiciones propias, pero renunciar al autogobierno o supeditarlo a la voluntad de otro, a una interminable negociación; se pueden defender principios republicanos, incluso libertarios, totalmente ajenos a la afirmación de una identidad nacional esencialista, diferenciada y determinada por la Historia y llegar, por esta vía, a reclamar la independencia simplemente como decisión colectiva voluntaria de un grupo humano. Paralelamente, en Latinoamérica se puede ser muy nacionalista y plegarse a los grandes intereses globalizados, o en Puerto Rico serlo y defender una autonomía o soberanía bajo la "unión permanente" con Estados Unidos.

Los temas, conceptos y personajes *típicos* que nos explica Lluís Costa todavía están ahí, todavía (re)aparecen a pesar de su evidente anacronismo. Como una especie de bucle, maldición o repetición infinita, parecería que el pasado siempre estuviera ahí y fuera equivalente al presente o a la Historia –la nacional, por supuesto–, quizás como aquella pesadilla de la cual no logramos despertar, como lo dice un personaje de Joyce y lo recoge Michael Ignatieff en su *El honor del guerrero* –y como lo representa asimismo Kosturica en su film *Underground*. Así, en 2016, durante el desarrollo del VII Congreso Internacional de la Lengua Española, el anfitrión, el gobernador de Puerto Rico, se autodefinió como jíbaro y agradeció humildemente el honor de la visita de sus majestades reales y académicas. *In toto*, un ejemplo paradigmático de, por un lado, el servilismo autocolonizador y, por el otro, del patético pseudoimperialismo económico hispanófilo de los peninsulares. Pocos discutieron la utilidad de estos encuentros, del "gran evento", o el hecho de que el mismo concepto de las academias con su decimonónico lema de "pulir y dar brillo" a la lengua no se ajuste bien con los nuevos tiempos, las alegrías –y decepciones, que también las hubo– venían de otro lado. En efecto, lo importante era que nos visitara Felipe VI y qué dijera de Puerto Rico, o que los académicos españoles pontificasen que la lengua hablada en la Isla era "español" y poseía suficiente "calidad" o "corrección". Si no vienen de fuera, no existimos, si no nos lo dicen desde el exterior y el centro normativo no nos creemos que lo hacemos bien, que somos "correctos" y usamos "una lengua apropiada"... Todo eso en un contexto claramente de hispanofilia acrítica y de reproducción de aquello del mestizaje y las tres razas que continúa siendo la historia oficial y escolar de la isla desde los tiempos que estudia Lluís Costa.

Todo aquello que se ha denominado, por simplificar y poner etiquetas, postmodernismo, en el fondo no ha hecho nada nuevo y diferente, que no se hubiese explicado antes desde la antropología cultural. La nación no es material, la nación es subjetiva, la nación es imaginaria porque está dentro de las mentes de los individuos, individuos que de alguna manera la experimentan, reflejan, dicen, relatan y piensan, como, entre otras cosas, un espacio de comunicación y referencia compartida –por eso es esencial el estudio de los medios de comunicación masivos, como lo hace Lluís Costa–, idea que ya había sido expresada con bastante claridad en el tan debatido *Comunidades imaginadas* de Benedict Anderson. En el caso de Puerto Rico, este tipo de ideas postmodernas se popularizaron, al menos en el campo de la historiografía, sobre todo a partir de la publicación de *La nación postmortem*, de Carlos Pabón, en 2002. Este libro inició un debate que todavía resuena, pero el historiador solo exponía diferentes ideas ajenas y explicaba cómo se podían relacionar con fenómenos evidentes en Puerto Rico, como una definición clasista, racista y culturalista/lingüística de la nación o la existencia de un nacionalismo banal, muy potente en el imaginario publicitario, pero para nada problemático en el ámbito político e ideológico, además de sin capacidad movilizadora más allá de la autocomplacencia y el consumo.

De entre las respuestas directas o indirectas al libro de Pabón y su noción de la "nación zombi", destaca un artículo de Gervasio García, en el cual pretendía desmontar el argumento postmoderno de la nación imaginada y, desde su perspectiva, por tanto mera "invención". Las dos líneas de argumentación del Dr. García son atrevidas e incluso contradictorias. En efecto, el primer argumento parece proponer, en una lógica similar a la que nos transmiten en última instancia los manuales escolares, que las identidades nacionales son el resultado de procesos históricos: la Historia nos ha hecho así. Parecería que no explica eso o que el argumento es más complejo y refinado, pues lo basa en "la experiencia histórica de los pueblos". Sin embargo, quizás lo más osado y novedoso en su propuesta interpretativa es su idea de que la nación no es únicamente "experiencia histórica", sino proyecto de futuro. Y ahí salta a la vista una serie de contradicciones que me parecen evidentes: los proyectos de futuro no son un mero producto de la Historia, de una experiencia histórica y, asimismo, debiéramos asumir que existen, o debieran existir, múltiples experiencias históricas, múltiples relatos e interpretaciones del pasado, diversas o incluso contradictorias entre sí. Y ni los proyectos de futuro ni las experiencias históricas son, por tanto, ni únicas ni "reales", sino que se encuentran en el ámbito de la imaginación, de una comunidad imaginada que mira hacia el pasado y se proyecta hacia el futuro. El insigne historiador puertorriqueño parece olvidar que la experiencia histórica, cualquier experiencia histórica digna de ese nombre, necesita de eso mismo, de consciencia y de memoria compartidas, sin la cual no puede existir ni incidir en el supuesto "carácter nacional". Y, si como se ha apuntado, tales memorias son diversas o contradictorias, también lo serían, por tanto, las "experiencias históricas" y su consecuente "conciencia nacional". En el mismo sentido, aquello que tal vez sucedió –parafraseo el título de la obra teatral de Joan Oliver–, aquello que normalmente pretende reconstruir el historiador académico, no sería entonces lo más importante. Por el contrario, lo esencial sería aquello que se dice e interpreta acerca de estos hechos, poco importa si real, ficción o mito, así como los usos (y abusos) de la Historia, así como las ideas que ayudan a vehicular o justificar esta reconstrucción y narración de lo supuestamente ocurrido. Y para ello, de nuevo, la escuela es un instrumento fundamental.

Desconozco si, como recoge Lluís Costa en su libro, realmente los puertorriqueños fueron alguna vez, son todavía, parecidos a los catalanes, que era lo que decía cierta prensa de finales del siglo xix. Sí creo que ciertas actitudes sociales, políticas y culturales, algunas mecánicas de funcionamiento y estructuras de pensamiento todavía son, quizás no las mismas, pero sí análogas –ahora y aquí, aquí y allá, también similares a lo que se daba hacia 1898. Resumiendo y simplificando, lo podríamos definir como una mentalidad y unos modos de acción y argumentación propios de la actitud colonial, que todavía están vigentes. No me refiero a la práctica del imperialismo tradicional, ni a la condición de opresión directa y obvia del colonizado –gobierno proconsular y ocupación militar incluidas– sino que se expresa en unos términos mucho más sutiles, en la línea de las lógicas que, en el caso de catalán, denunciaba Manuel de Pedrolo en los años ochenta del siglo XX. En efecto, Pedrolo, esa rara avis en la prensa y la literatura catalana de la época, criticaba en sus artículos la asunción normalizada de la inferioridad, de la subordinación, la ausencia de un pensamiento autocentrado. Y esta carencia tiene, como consecuencia lógica, la supeditación a la opinión o la decisión del otro, con el añadido –o quizás inevitable contrapartida– de una cultura de la queja, el agravio y el victimismo eterno y autocomplaciente, de una pasividad que se enmascara, pese a afirmaciones solo teóricas de la soberanía, en el "no nos dejan", "no se puede", "la Ley no lo permite" o "nos tiene manía".

Este tipo de actitud que se puede denominar autocolonizante, persistente y todavía viva, integra dos elementos adicionales: la conciencia de debilidad y la necesidad de validación externa. Es decir, el colectivo llamado nacional pero subordinado, en nuestro caso Puerto Rico o Cataluña, oscila entre complejo de superioridad y un pensarse insignificante, sin capacidad para decidir o incidir en aquello que realmente le afecta. En consecuencia, y ahora enlazamos con lo antes dicho, necesitamos la ayuda o el permiso de otros, especialmente de aquel que pensamos que tiene el poder sobre nosotros –como me han dicho un par de veces, y es una expresión suficientemente significativa: "más vale ser cola de león que cabeza de ratón". En efecto, lo que he llamado validación externa se deduce parcialmente de lo ya mencionado: necesitamos ser reconocidos, nombrados, validados por otros, como si, al contrario, el no hacerlo nos negase la existencia misma. Tal aparente invisibilidad exterior, así como la descrita apariencia de reconocer la debilidad o inexistencia, que se toca parcialmente y tangencialmente con la cuestión de la representación internacional, sea deportiva o de otro tipo, transforma la supuesta nación de teórico sujeto en objeto, pues implica una renuncia a protagonizar su propio destino, a ser sujeto realmente autónomo. Si en Puerto Rico se puede ser casi Estado, pero se obtienen títulos deportivos internacionales o mises con el propio nombre, Cataluña apenas goza de reconocimiento deportivo internacional, exceptuando del globalizado y nacionalmente ambiguo F.C. Barcelona. Si un boricua –con que algún pariente lo sea, siempre será puertorriqueño, nazca donde nazca– hace un descubrimiento, alcanza un reconocimiento académico o, simplemente, hace carrera en el mundo de la música y el espectáculo, ello se convierte en un elemento de la afirmación del orgullo nacional, aunque sin implicaciones políticas o ideológicas emancipadoras.

En lo político, por el contrario, los plebiscitos para definir el famoso status en Puerto Rico ya casi no son noticia, por lo recurrentes e inconsecuentes hasta el momento, mientras que en Cataluña existe una obsesión para que los medios de comunicación internacionales hablen de nosotros y, si no lo hacen o dicen lo que no queremos que digan, se trata de un absoluto desastre o de un desconocimiento consciente, sea en relación al famoso Proceso de Autodeterminación, sea en términos más generales.

Probablemente, la aportación más innovadora del libro del Dr. Costa reside en su discusión, extensa, documentada y profunda, no solo de las políticas educativas que podríamos denominar naciona-lizadoras –dicho de otro modo, quizás "enseñanza de" o "educación en" la nación– sino de los debates del momento –pedagógicos sobre todo, pero también de otros tipos– y de las condiciones prácticas que las contextualizan y que explican parcialmente el funcionamiento y la eficacia o fracaso. Tales temáticas habían sido investigadas previamente por otros autores, que el Dr. Costa conoce bien, pero quizás no con un detenimiento y una amplitud comparativa como estas, ni con la envergadura geográfica y cronológica que se nos propone aquí. En el sentido de ser una obra excepcional, así como por la perspectiva comparativista, el fuerte componente teórico y la preocupación por fenómenos como la escuela, este libro me recuerda una obra proba-blemente no suficientemente conocida, *Les nationalismes espagnols*, de Jordi Bonells.

Como muy bien nos indica Lluís Costa, la historiografía y la aproximación a la propia sociedad e historia en el ámbito escolar, son esenciales en la construcción, difusión, consolidación y asunción popular de una conciencia colectiva, de una identidad nacional. Academia, invención literaria y escuela se mezclan y el resultado es un canon escolar, unos referentes, unos supuestos valores y un relato del origen compartidos. Sin embargo, y paradójicamente (o no) todavía más si el sistema permite formas de participación de-mocrática, la escuela oficial generalmente pretende, tras la fachada de formar ciudadanos, normalizar e imponer valores e identidades acríticas y conformistas, dinámica que crea, inevitablemente, exclusiones y visiones distorsionadas del "anormal", generalmente considerado causante, o hasta *culpable*, de su propia miseria, exclusión o, simplemente "diferencia" –esto lo argumenta, por ejemplo, Alain Badiou respecto a la escuela y la política en el siglo XXI. Así, en las escuelas de Puerto Rico, todavía hoy se explica, frecuentemente en inglés, como los puertorriqueños son "una gran familia" y provienen de la feliz y poco problemática "mezcla de indígena taíno, africano y español", cada uno de ellos caracterizado mediante estereotipos, silencios interesados y simplificaciones que la historiografía debería haber superado, si es que ya no lo ha hecho. Además de ignorar casi totalmente otras aportaciones poblacionales o las posibles variaciones culturales dentro de cada una de esas categorías, lo más grave es que resulta ser una explicación basada en un discurso de la raza –y, en consecuencia, la negación de cualquier problema o prejuicio racial en Puerto Rico–, el cual tiende a confundir, en una especie de racismo y determinismo biológico implícito, origen, "color", "raza" y cultura.

Durante algunos periodos del siglo XX, y no solo durante el dominio militar directo estadounidense, ciertas ideas, ciertas denominaciones como nación o nacionalismo, a veces hasta la bandera propia, eran interpretadas y presentadas por la oficialidad puertorriqueña como problemáticas y radicales y, en consecuencia, fueron reprimidas. En contraste, actualmente, como ya lo apuntó Pabón en su libro, los ambiguos y consensuales valores y símbolos de la "puertorriqueñidad" están en boca de todo el mundo. Así, como ya se ha apuntado, el orgullo nacional explota cuando "uno de los nuestros", un boricua, consigue destacar o adquirir cierta fama. Como una muestra de la pervivencia de ciertas ideas e imágenes que provienen de lo que nos explica Lluís Costa, todavía se habla de los puertorriqueños como una gran familia, con una "puertorriqueñidad" compartida que no parece para nada problemática, mucho menos cargada políticamente. Por el contrario, la "puertorriqueñidad" en la Isla –como el "catalanismo" en Cataluña"– permiten expresarse a todo tipo de proyectos, sobre todo de no-proyectos, ser la excusa para lemas vacíos, campañas publicitarias y lecciones de autoayuda. A todo esto, además, una diferencia ya mencionada entre ambos países, ha contribuido en el caso puertorriqueño la presencia simbólica a nivel internacional, aunque esta no posea contenido político alguno y acaba siendo la expresión del famoso nacionalismo banal. Nacionalismo banal, oficial y consensual, pero no de un Estado independiente y soberano, sino de aquel tipo de extraña autonomía, de zombi contradictorio, que un día se denominó Estado Libre Asociado, que es más Estado –de Estados Unidos, como, para decir algo, Texas– que "libre", que no tiene socio alguno porque la relación no es entre iguales y que ahora, en la segunda década del siglo XXI, parece regresar a formas antiguas de colonización por medio de juntas de control fiscal "metropolitanas" que recuerdan políticas imperialistas que creíamos superadas y que se dieron, por ejemplo, en países como Marruecos, Túnez o Egipto durante el siglo XIX.

Por supuesto que Cataluña también tiene su nacionalismo banal, y no me refiero solo al Barça y los gritos "Visca el Barça i visca Cataluña" de sus jugadores. También existe una catalanidad basada en una especie de idealización novecentista, amarada de un difuso esencialismo que apela a lo *modernillo* o *hípster* y, por supuesto, a la famosa marca Barcelona. Es la Cataluña de afirmación de "lo mediterráneo" y la publicidad que lo exalta –como los anuncios de Damm–, que juega con el consensualismo fácil y acrítico, a la vez que expresa y refuerza un orgullo que reproduce, con dosis de amor patrio y promoción turística, las ideas, simplificadas y mal digeridas, de un ilustre transterrado: Ferrater Mora y sus *Les formes de la vida catalana* (*Las formas de la vida catalana*). Asimismo, es evidente que también el independentismo catalán y sus símbolos –bandera *estelada* y *merchandising* incluidos– pueden convertirse, quizás en parte ya son, en formas de nacionalismo banal –como la monoestrellada puertorriqueña, ahora aproblemática y omnipresente, otrora prohibida por "revolucionaria", por "nacionalista" Y, probablemente, este tipo de nacionalismo oficial y aproblemático continuará o hasta se reforzará, si un día se proclama la República en Barcelona o en San Juan. Y entonces, igual o con mucha más razón e intensidad que ahora, seguro que habrá que luchar contra tal simplificación, en la línea del lema de Lluís Maria Xirinacs: "Lluitarem contra el fort mentre siguem febles, i contra nosaltres mateixos quan siguem forts" ("Lucharemos contra el fuerte mientras seamos débiles, y contra nosotros mismos cuando seamos fuertes").

Como nos dijo ya hace mucho el admirado y heterodoxo Walter Benjamin, la verdadera Historia es –o tendría que ser– la historia de los sin-nombre, así como la historia de los proyectos de futuro que nunca prosperaron, de los otros pasados potenciales y posibles que nunca sucedieron. En este sentido, los *próceres* no pueden serlo todo, debemos pensar en los verdaderos, nada idealizados *jíbaros*, en las campesinas, amas de casa, artesanos y obreros, en los esclavos y libertas, en los anarquistas, espiritistas y librepensadores autodidactas, con aquellas solidaridades y proyectos, casi siempre fracasados muchas veces transnacionales, que los conectan o conectaban. Esto es un poco lo que nos propuso en su día Benedict Anderson a una escala casi global, y que en buena parte gira alrededor de figuras como Pi i Margall o lugares como el castillo-prisión de Montjuïc en Barcelona. Por otro lado, y en eso las conmemoraciones y los símbolos a veces se adelantan parcialmente en el sentido que decía Benjamin, son tan Historia los fracasos del independentista Grito de Lares (1868) o de la Revolución Nacionalista del 1950 en Puerto Rico, como la Constitució Provisional de la República, redactada por los separatistas catalanes en La Habana (1928), el intento de invasión de Cataluña por Macià el 1926 o el efímero Estat Català del febrero de 1931. Por tanto, puede ser mucho más interesante para el historiador el estudio de lo que se denominan "ventanas de oportunidad" –¿no sería mejor y más bello, hablar de la puerta por la cual saldría el Mesías y/o la Revolución, como lo expresaba Benjamin?– o situaciones coyunturales que parecían en su momento dar paso a una nueva etapa, pero que nunca fructificaron –como la explosión de hispanofilia e independentismo generalizado hacia el 1913 en Puerto Rico que ha estudiado Luis Lugo Amador, o los proyectos de Xirinacs y Nacionalistes d'Esquerres durante la Transición Española– que reconstruir cómo se formuló institucionalmente lo ya establecido, lo todavía existente: el Estado Libre Asociado en Puerto Rico, el Estado de las Autonomías en el Reino de España. Si se procede de este modo, estamos hablando también de imágenes e imaginarios, de aquello que residen en las mentes y las mentalidades, de una forma muy parecida a la nación à la Anderson, que tal vez sea "imaginaria" y no "real", pero también es proyecto de futuro colectivo.

Otras memorias son posibles y necesarias; otras naciones, menos idealizadas, más contradictorias, matizadas y justas, pueden ser imaginadas. Recuperar las historias de derrotas del pasado, las ideas y acciones de los sin-nombre, los proyectos que nunca triunfaron y que continúan olvidados, es la ardua obligación del verdadero historiador, nos dijo Walter Benjamin –y se puede leer en su memorial en Portbou, en la cercanía de la absurda frontera intercatalana que separa los estados español y francés. Allí, en aquel pasado oscuro, podemos reencontrar "brillo", una lámpara fundida u olvidada que intenta revivir, como nos recuerda en su "Antimanifest" ("Antimanifiesto") Martí Sales. Si, en el caso catalán, la definición del yo colectivo no puede incluir al filósofo Pujols, Pujol –no el *president*, sino el *pétomane*– y el arquitecto Jujol, a *l'Ovidi*, Peret y Carmen Amaya, a Vallmitjana, Casasses y Eduardo Mendoza, a Salvador Seguí (*el Noi del Sucre*) y el maqui Caracremada, a Adrià Puntí, Albert Pla, La Banda Trapera del Río y Los Carradine; si los catalanes no podemos ser más "latinos" o "valencianizar" un poco, si seguimos en contra del flamenco, las sevillanas y los toros solo por el hecho de calificarlos de ajenos (en contra de una historia secular) y bárbaros, quizás esta catalanidad de *seny* i mesura, de "mediterranietat" de solo una orilla, de valores eternos o determinados inexorablemente por la historia patria plurisecular, no valga la pena. Si nos definimos así, quizás –y solo quizás– la única solución será entonces, como nos dice el antimanifiesto, "autoexiliar-nos". Acabo con otra canción, en la que el mismo Martí Sales nos lo vocifera, con sus ya difuntos Surfing Sirles:

Catalanets som i serem
fora catalans dels Països Catalans[1].

Els Surfing Sirles, "Esplai girls", *Nedant en l'ambulància* (2012)

O quizás no, quizás con tener un "Estado normal", "un Estado propio que no nos vaya a la contra", ya sería suficiente para los catalanes. Sí, probablemente los catalanes serían un poco más felices y vivirían un poco mejor en un Estado así, incluso si tuviese mucho de continuidad o copia respecto a otros estados ya existentes –incluyendo el Reino de España. En todo caso, si las naciones son de difícil definición, si son imaginadas o soñadas, nadie me puede quitar la mía y quizás algún día se parezca un poco a como yo la pienso desde esta, aparente lejanía geográfica. Y, por lo que hace a Puerto Rico, es posible que nunca decida si quiere ser independiente, integrarse totalmente a Estados Unidos o reinventar el monstruoso Estado Libre Asociado. Probablemente, el preclaro y oceánico Fernando Picó

---

[1]   Catalanitos somos y seremos / fuera catalanes de los Països Catalans

tuviera razón: los puertorriqueños no confían en ningún Estado, en ninguna estructura política, que ven por definición como hostil y fuente de intromisión innecesaria. Si fuera así, quizás el mejor homenaje al recientemente desaparecido y admirado profesor y jesuita fuera implosionar las estructuras políticas isleñas, expulsar a la Junta imperial y proclamar una igualitaria República Pirata (puestos a soñar en cosas imposibles...).

Bruno Ferrer i Higueras
Departamento de Historia
Universidad de Puerto Rico

Introducción

EL ANÁLISIS HISTÓRICO del nacionalismo catalán desarrollado en la isla de Cuba y sus conexiones e influencias con los movimientos nacionales cubanos ha representado una línea de investigación capital, en la que hemos trabajado durante muchos años.[2] Somos conscientes de la importancia y necesidad de reflexionar en torno del nacionalismo con voluntad comparativa. Evidentemente, el ejercicio resulta complejo por la diferencia en los orígenes, evolución e influencia social de los diversos movimientos nacionalistas. El objetivo del presente libro pretende analizar e interpretar la configuración –sobre todo a través de la escuela– del sentimiento nacional cubano a partir del año 1898 en el contexto de las realidades nacionales de España y de Cataluña, muy presentes en la construcción del imaginario colectivo cubano, y también aplicar la mirada, de manera general, a la otra última colonia antillana española: Puerto Rico.

Hablar de identidades colectivas o de construcciones nacionales nos obliga a sumergirnos en el ámbito de las definiciones conceptuales, que en nuestro caso hemos hecho a partir, esencialmente, de interpretaciones elaboradas por diversos autores. Los análisis de los procesos de independencia de América Latina suscitan más dificultades que en la mayoría de casos europeos, habida cuenta que se entremezclan múltiples factores, lo que ofrecerá un notable nivel de complejidad a la hora de interpretar el fenómeno. La política abiertamente abusiva de la metrópoli generaba sentimientos de rechazo y actitudes de oposición entre la población autóctona. Ahora bien, no necesariamente, sino al contrario, la realidad de las clases populares y la de las clases criollas, que detentaban cierto poder, era la misma y, por consiguiente, las reacciones y sentimientos no eran idénticos. La elite criolla cubana usará el patriotismo –y el antiespañolismo– de acuerdo a sus intereses en las pugnas contra los representantes del gobierno español en la Isla para la obtención de mayores cuotas de poder. Para

---

2   COSTA (2006) y (2013).

Paseo del Prado de La Habana. Estudio Fotografía Otero y Colominas
(San Rafael, 32, La Habana)

Plaza de Armas. Estudio Fotografía Otero y Colominas (San Rafael, 32, La Habana)

tal objetivo, las clases acomodadas criollas intentaron procurarse la complicidad de las clases populares, aunque, tal y como se interroga Pierre Vilar: ¿Cómo convencerlos de que formaban parte, junto a la minoría criolla, de una misma "nación", de una misma "patria"?[3] En el caso concreto de Cuba, conviene destacar que las debilidades y contradicciones de su sentimiento nacional deben relacionarse directamente tanto con el carácter variopinto y muy desestructurado de la sociedad cubana como con el papel de las clases dominantes respecto de las autoridades metropolitanas y la actitud generalmente intransigente y represora de éstas. Un juego de intereses entrecruzados, la diversidad racial y la influencia de los EEUU –más patente, si cabe, en Puerto Rico–, son los ingredientes que ayudarían a explicar las características del proceso nacional. Lo cierto es que este proyecto de nación surgió condicionado –contaminado, incluso– por el entorno colonial y esclavista. Como explica Gervasio L. García: *para los habitantes de la isla, la noción de Cuba es recortada y poco clara porque el país está en gestación y los criollos todavía no son cubanos. Sólo después de la insurrección de 1868 el gentilicio "cubano" dejó de aludir con preferencia a los naturales de la provincia de Oriente y se extendió progresivamente a todos los criollos.*[4]

Después de 1898 comienza Cuba su proyecto de construcción nacional. La imagen que proyectaron las guerras por la independencia a través de una estrategia elaborada por la *intelligentsia* cubana fue la de la "mística de la patria". Era preciso elaborar un discurso que se moviera entre el continuismo de la historia compartida con España y el relato identitario propio. Resultaba imprescindible combatir la falsificación que implicaba la historia –o quizás incluso la no-historia– impuesta desde arriba, desde la potente metrópoli. Esa situación no era –ni es– en absoluto extraña a Cataluña.[5] Es más, de algún modo podemos considerarla paralela a lo acontecido en Cuba. Ante una visión "estatal" española que pretendía construir la Historia sobre la base de las conquistas imperiales de las monarquías, el historiador y político catalán Antoni de Capmany edifica, a finales del siglo XVIII, una historia de Cataluña ligada a unas instituciones propias que permi-

3   VILAR (1976), p. 50.

4   GARCÍA (2005), p. 18.

5   Véase: SOBREQUÉS (2014).

tieron su desarrollo comercial. Capmany y la mayoría de historiadores románticos catalanes proponían una historia del país –Cataluña– pero no edificada, en todo caso, contra España. Y en eso podríamos encontrar una clara convergencia con el proyecto nacional cubano. La Historia –con mayúscula– será el gran instrumento legitimador de los procesos nacionales. Una Historia cultivada o reinterpretada, y a veces inventada, que, en ocasiones, se alejará de la digna función de exponer una visión del mundo y de la sociedad para convertirse en instrumento de adoctrinamiento. Con demasiada frecuencia los estados intentan frustrar una identidad para imponer otra. Resulta interesante comprobar como la Cuba postcolonial estructurará un sistema educativo –que contemplará lógicamente también, la enseñanza de la historia– con elementos innovadores –y algunos retrógrados–, con influencias de España y, sobre todo, de Cataluña. La modernidad de la educación cubana se escribía con postulados innovadores, también bajo la influencia de los EEUU, y con propuestas más doctrinarias y menos evolucionadas. La historia de los reyes y de las gestas heroicas, muy caracterizadas en la Historia de España, tan necesarias para la creación de las convicciones patrióticas, tuvieron clara réplica en las guerras de la independencia cubana con la gestación de mitos que se convertirían en referentes de la nueva nación cubana que, tras liberarse del yugo español, empezaba una etapa llena de incertidumbre y con nefastos augurios para el desarrollo de su independencia, tal y como escribiría Máximo Gómez, el militar que luchó en favor de la independencia cubana, en su *Diario de campaña* de 1898: "los americanos han amargado con su tutela impuesta por la fuerza, la alegría de los cubanos vencedores". Llegó entonces el momento de una generación de cubanos, nacidos en la década de los setenta, que planteaban una regeneración a partir de la educación, y en ese ámbito se reivindicaba el sentimiento de identidad nacional cubano, algo que había definido casi un siglo antes el eclesiástico Félix Varela: el "querer ser" de los cubanos.

Hoy más que nunca, el fenómeno del nacionalismo debe ser repensado y reinterpretado, no únicamente a la luz del conocimiento histórico, sino también a partir de lo que significa la creación de nuevos estados o la aparición de comunidades transnacionales e interculturales. El tema del nacionalismo contiene una potente carga ideológica y suscita miradas e interpretaciones muy diversas y, incluso, opuestas –que pueden ir desde el "esencialismo" al "constructivismo" – pero que si se generan desde el rigor en el análisis enriquecen el discurso y el diálogo. Sin duda, esta es la forma en que entendemos la ciencia histórica: desde la dialéctica y el debate intelectual, porque como decía Pierre Vilar "la materia histórica es pensable, científicamente penetrable como cualquier otra realidad".[6]

Debemos agradecer al profesor Bruno Ferrer, de la Universidad de Puerto Rico, Río Piedras, la revisión que ha hecho del original del libro y sus aportaciones y sugerencias, que han enriquecido el texto y han contribuido a ahondar en la reflexión y en el análisis, así como la redacción de un prólogo que ayuda a comprender mejor el fenómeno del nacionalismo; damos las gracias, también, las contribuciones al texto original por parte de los profesores de susodicha universidad, los doctores Gonzalo Córdova Santini y Luis A. Lugo Amador. Asimismo, agradecemos al investigador cubano Ernesto Álvarez Blanco la lectura del original y sus aportaciones de material gráfico, a la directora del Instituto de Literatura y Lingüística de La Habana, Nuria Gregori Torada y a la directora de la Cátedra de Cultura Catalana de la Universidad de La Habana Beatriz Laffita Menocal

Nos llena de satisfacción dar las gracias, naturalmente, a Josep M. Orteu, editor de Llibres de l'Índex, por su impagable tarea en pro de la cultura del país, y a Roger Castillejo, cubano-catalán responsable de la imagen y del diseño del presente libro.

---

6   VILAR (1975), p. 8.

Batalla de "Las Guasimas, 24 de Junio de 1898. *The heroic stand of the "Rough Riders"*, *Harper's Pictorial History of the War with Spain* (Harper and Brothers, 1899)

1
Interpretaciones en torno a las identidades nacionales

Tal y como hemos comentado, para aproximarnos a las "construcciones nacionales" resulta imprescindible definir los conceptos. La comunidad imaginada es una idea introducida por Benedict Anderson que sostiene que una nación es una comunidad construida socialmente, es decir, imaginada por las personas que se perciben a sí mismas como parte de este grupo. Anderson considera que las naciones y el nacionalismo son producto de la modernidad y han sido creados como medios para fines políticos y económicos. En su popular definición, Anderson consideraba la nación como "una comunidad política imaginada" –imaginada como si fuera limitada y soberana–. Se trata de una línea de interpretación del nacionalismo –asociada también a nombres como Ernest Gellner, que afirmaba que las naciones "son una contingencia" y que "tener una nacionalidad no es un atributo inherente al ser humano", o a Eric Hobsbawn–,[7] llamada "modernista" o "constructivista", frente a la tradicional, conocida como "etnicista" o "primordialista", que es la que presenta a la nación como una comunidad humana fundamentada en una cultura común. No podemos desestimar, sino al contrario, lo que podríamos llamar la tercera vía, defendida precisamente por un antropólogo de origen catalán nacido en La Habana, Josep Ramon Llobera, que niega que el nacionalismo sea un fenómeno estrictamente moderno, si bien admite algunos elementos vinculados a la modernidad, como puedan ser el capitalismo o el surgimiento del Estado, que han propiciado la aparición de un nacionalismo moderno. Llobera defiende la existencia de nacionalismos muy antiguos, medievales en el caso de muchos países europeos. En este sentido, discrepa de los "modernistas", pero no niega que con la modernidad surgiese un nuevo tipo de nacionalismo, ligado a los estados-nación, pero que construye proyectos, según su criterio, fundamentados en tradiciones

---

7   Anderson (2005), Gellner (1988), Hobsbawn (1991).

culturales preexistentes.[8] Algún autor, como Adrian Hastings, discrepa directamente del concepto de nación como comunidad imaginada y propone la idea de nación como una "construcción socio-histórica única", una "comunidad histórico-cultural unida horizontalmente por su carácter compartido, más que verticalmente por razón de la autoridad del estado".[9] El profesor de la Universidad de Puerto Rico, Gervasio L. García, considera que imaginar la nación no es negarla, sino de definirla como una realidad, interrogarla como problema y desearla como comunidad igualitaria, solidaria y libre: *prefiero la nación de voces plurales, sin nacionalismo de esencias eternas y puras, un nacionalismo de verdades pero no de las reveladas, y una identidad tolerante que "se realiza en su diferencia".*[10]

El nacionalismo cubano tuvo que practicar un verdadero ejercicio de reinvención, ya que, como afirma Josep Fontana, "los países coloniales se han definido normalmente como "países sin historia", que sólo entran en ella por obra de los descubridores, de los colonizadores o de los conquistadores",[11] algo que reconoce también el pedagogo e historiador cubano Ramiro Guerra, cuando afirma que "a pesar de que la presencia del hombre en Cuba es muy antigua, la historia del pueblo cubano comienza con el descubrimiento y la ocupación de la isla por parte de los españoles".[12] Las excolonias americanas representaban modelos y lógicas nacionales muy diferenciadas de los países europeos, al disponer de una historia más reciente y no partir ni de un sistema monárquico ni de una sociedad estamental. Se requería, pues, un esfuerzo para nacionalizar estos países recientemente independizados, y a menudo fue necesario poner en marcha una estrategia imaginativa consistente, a veces, en la creación de banderas y fiestas nacionales, himnos y ceremonias.

Las colonias españolas que se independizaron a lo largo del siglo xix intentaron, con mayor o menor celo, un proceso nacionalizador a partir de la elaboración de referentes simbólicos. De ese modo, y

---

8   LLOBERA (1996).

9   HASTINGS (1999), p. 25.

10 GARCÍA (2005), p.47. El autor se apoya en los planteamientos e ideas de ROJAS (1998), p. 220 y 223. En el prólogo se hace referencia a las controversias entre dichas teorías y las expuestas por Pabón (2002).

11 FONTANA (2005), p. 15.

12 GUERRA (1971), p.XI.

como modelo ilustrativo acorde a los cánones habituales, podemos citar el caso de Ecuador, que se independizó de España en el año 1822 para transformarse en república. Antes de nada oficializó la bandera y, más tarde, el escudo y el himno nacional. Se constituyeron instituciones culturales que sustituían la tradicional denominación de "real" por la de "nacional". De todos modos, la nación postcolonial no consistía en una imitación mimética del modelo europeo, ya que éste era considerado a menudo como el origen del mal, representado como represión. Las nuevas naciones fundaron sus proyectos nacionales desde la épica, el heroísmo y la simbología –se diseñaron, como en el caso de Ecuador que acabamos de citar, banderas, se redactaron himnos, se construyeron monumentos y se instituyeron fiestas nacionales–, muy en consonancia con la retórica de las revoluciones liberales europeas. Sin embargo, como escribe José Álvarez Junco: ¿Alrededor de qué? No se podía, desde luego, edificar la nación sobre la historia: los siglos coloniales se querían borrar de la memoria y los dirigentes tampoco deseaban idealizar los anteriores imperios azteca o inca como paraísos de libertad.[13] Se trataba de la estrategia nacionalizadora que Hobsbawn definió como "invención de la tradición", y que suponía reivindicar un pasado mítico, pero no necesariamente un pasado construido desde la falsedad.

Pese a todo, en el caso de España, el siglo XIX fue poco propicio, desde el punto de vista del contexto histórico, para el desarrollo de nacionalismos ajenos al español, debido a que en el marco del Estado se imponía la visión de una España única e indivisible, en nada predispuesta al reconocimiento de otras realidades nacionales, si bien en aquellos momentos nadie se lo planteaba, por lo que no constituía una potencial reivindicación de ningún sector social ni territorial. La avanzada Constitución de Cádiz de 1812 era una clara muestra de asociación del concepto de España con el de nación única. En su primer artículo explicitaba de forma inequívoca que "la Nación es la reunión de todos los españoles de ambos hemisferios", lo cual satisfacía las aspiraciones de la mayoría de ciudadanos de la Península y de sus colonias. Además, la Constitución había osado promover la equiparación de derechos de todos los ciudadanos –de un lado y otro del Atlántico– que estaban bajo el dominio de la corona española, lo que podía suponer un modelo para las otras potencias europeas. Sin

---

13   ÁLVAREZ JUNCO (2016), p. 124.

duda, se inauguraba una situación excepcional: *el fin de la larga etapa de la formación imperial, iniciada en el siglo XV, un momento peculiar en la historia reciente de las relaciones entre los Estados europeos y sus dominios transoceánicos.*[14]

Sin embargo, la interpretación del texto constitucional se hizo desde lecturas más restrictivas de lo que en apariencia representaba su espíritu. Los diputados que habían definido la nación como la reunión de todos los españoles de ambos hemisferios, temieron que eso en la práctica se tradujese en una mayoría de diputados americanos en las Cortes, por lo que se decidió que las "castas" –negros y mulatos libres– no dispusieran de derechos políticos, no fuese que su poder e influencia menoscabase el control de las élites españolas. Es evidente, pues, que la desigualdad práctica dominó las relaciones entre españoles y americanos.

Aún así, Cuba hizo gala de un impulso propio que alimentó propuestas de ensayo de diferentes modelos de relación con la metrópoli, hasta el punto que es lícito considerar que fue, sobre todo a partir de finales del siglo XIX, un escenario propicio para pensar y estructurar determinados planteamientos del catalanismo, que a menudo se reflejaban, o se veían condicionados, en el desarrollo del nacionalismo cubano. De hecho, la dinámica que se creó entre las propuestas independentistas cubanas y la intransigente respuesta españolista se convirtió en un modelo para posteriores réplicas del nacionalismo español a los nacionalismos periféricos metropolitanos. La filosofía del independentismo cubano, adaptada a la sociedad liberal y al ideal democrático, iba a rearmar de argumentos el nacionalismo catalán, y también vasco, los cuales habían sustentado hasta entonces sus principios en evocaciones sentimentales de su historia. Se trataba de grupos étnicos que representaban rasgos históricos, culturales y de arraigo territorial muy específicos, pero que no planteaban demandas políticas concretas. Difícilmente, pues, puede desligarse el proceso de independencia en Cuba del desarrollo del nacionalismo catalán, esencialmente a finales del siglo XIX, cuando las aportaciones culturales identitarias encauzadas por el Romanticismo iniciaron su reconversión política y surgieron nuevos modos de concebir el nacionalismo. Además, el corpus ideológico gestado a lo largo de un siglo por el nacionalismo cubano, representará una notable fuente

---

14 FRADERA (2005), p. 62.

de inspiración para diversos sectores políticos peninsulares y, sobre todo, para el incipiente nacionalismo catalán: *El nacionalismo cubano, pues, aportó al repertorio político hispano un discurso democrático de privilegio masificable, con garra ideológica de gran modernidad, que pasó acumulativamente de los tiempos anexionistas-garibaldianos a la dura competición ideológica del siglo xx.*[15] En los primeros años del siglo xx, y con el cambio de coyuntura política, la prensa editada por los catalanes en Cuba se radicaliza, del mismo modo que lo hacen los planteamientos políticos de los catalanistas. La reivindicación de independencia para Cataluña se instaló en la isla de Cuba, sin duda como consecuencia de la influencia del pasado reciente cubano.[16]

La experiencia autonomista de la otra gran colonia antillana, Puerto Rico, también proyectaba una imagen que persuadía en Cataluña. El profesor de la Universidad de Puerto Rico Bruno Ferrer nos indica que mientras buscaba información acerca de los conciertos de Strauss que se organizaron en Barcelona en 1897 y a los cuales asistió el prócer portorriqueño Martínez Nadal, se encontró casualmente con que, además de hablar del músico, en los números correspondientes a los días 28 de noviembre y 5 de diciembre, *La Veu de Catalunya* celebraba la concesión de la autonomía a las Antillas, expresando su esperanza de que el sistema se extendiese a las regiones peninsulares –pese a reseñar también el recibimiento a Weyler y las protestas de Fomento ante una posible autonomía arancelaria cubana–. Los viajes, los estudios, las migraciones, las amistades y trato de unos con otros y las lecturas compartidas –una primera comparación de las bibliotecas de los ateneos Barcelonés y Portorriqueño parece muy

---

15   Ucelay Da Cal (2003), p. 75.

16   Para el tema del independentismo catalán gestado en Cuba y el papel desarrollado por la prensa ver: Costa (2013b) y Costa (2013a), especialmente el capítulo "L'exèrcit de paper: premsa i catalanisme", p. 73-84; Asimismo, recordemos que del 30 de septiembre al 2 de octubre de 1928 se celebró en La Habana la Asamblea Constituyente del Separatismo Catalán bajo la presidencia de Francesc Macià y con Claudi Mimó como presidente de honor. El resultado de la Asamblea fue la redacción de la Constitución Provisional de la República Catalana. A criterio de sus impulsores, la bandera "estelada" ("estrellada", en español) –las cuatro barras, un triángulo azul y una estrella blanca de cinco puntas– era la bandera representativa de Cataluña, y se había creado bajo el modelo de la bandera cubana.

significativa– explican en parte esa clase de conexiones, confluencias y referentes comunes.

En las últimas décadas del siglo XIX, las formulaciones nacionalistas en Cataluña transitaron por un espacio ideológico y estratégico que iba desde la definición de nación "cultural" de carácter étnico de Johann G. Herder (1744-1803) –fundador de un nacionalismo alemán de tipo romántico–, que se inspiraba en el término "comunidad", que se correspondía en gran medida con una acepción descrita en el Diccionario de la Real Academia Española (RAE): "conjunto de personas de un mismo origen y que generalmente hablan un mismo idioma y tienen una tradición común",[17] hasta la definición "política" y "voluntarista" del pensador francés Ernest Renan (1823-1892), es decir, la definición de nación como grupo humano con recuerdos comunes, proyectos de futuro compartidos, sentimiento de pertenencia al grupo y voluntad de vivir juntos. En definitiva, a criterio de Renan, son naciones los grupos humanos que "quieren" ser nación y se comportan como si lo fueran. En Cuba se reproducía el debate, aunque de modo mucho más intenso, a partir de finales de siglo.

La obstinación de las autoridades españolas en el sentido de querer imponer la idea de una nación única e indivisible a los ciudadanos de la metrópoli y de las colonias a lo largo del siglo XIX, encontró una primera oposición seria en Cuba a partir de 1868, cuando se cimentaron las bases del movimiento independentista cubano, cada vez más alejado del autonomismo. En el marco del régimen liberal del siglo XIX quedó patente que la idea de los gobernantes españoles era la creación de una España única, sin alternativas para el pluralismo. Se frustró así el posible reconocimiento de la diversidad de identidades culturales. Insistimos en afirmar que la Constitución de Cádiz de 1812 constituye una prueba irrefutable.

En este contexto, en una sociedad como la cubana, con gran porcentaje de población extranjera y dividida por conflictos raciales, el sentimiento nacional fue tradicionalmente débil, hasta que en la segunda mitad del siglo XIX los discursos patrióticos empiezan a alterar la tendencia. A inicios del siglo XIX considerar que en la población

---

17 Esta definición se encuentra más concomitante con la idea de Herder que con la expresada en el Diccionario del Institut d'Estudis Catalans (IEC): "Grupo social caracterizado generalmente por un vínculo territorial y de convivencia o por una afinidad de intereses y de convicciones ideológicas".

La Habana a mediados del siglo xix (Grabado de J. Bachman, Nueva York, 1851. Colección de Manuel Fernández Santalices)

cubana existía un sentimiento de nacionalidad resulta absolutamente quimérico. A lo sumo se producían reacciones de protesta ante el abuso de poder de las autoridades españolas. Muy a finales del siglo xix, un periódico cubano simplificaba el esquema político-identitario que regía la isla: *Estamos en tierra de Cuba donde (…) hablando claro, no hay ni conservadores, ni autonomistas, ni demócratas, ni republicanos. Aquí sólo hay tres partidos, que son: españoles, cubanos y negros.*[18]

Debemos contemplar la hipotética existencia de una realidad: los años transcurridos a lo largo del siglo xix crearon una serie de vínculos y lazos entre la heterogénea población cubana, susceptibles de constituir elementos comunes de cohesión y potenciación de un imaginario colectivo, que se podría explicar a través del concepto de nación: *A diferencia del Estado, la nación no es únicamente racionalidad, sino sentimiento y experiencia; la nación se hace bailando, se hace cantando, se hace en el enojo y en la rabia, en la alegría del festejo, en la experiencia compartida. La idea de nación no es producida por unos intelectuales que bajan su mensaje a las masas sino que es un*

---

18   *El Productor*, La Habana, 1 de mayo de 1888.

diálogo constante desde arriba y desde abajo que requiere una cierta complementariedad y homogeneidad para ser poderosa.[19]

Como reconoce la propia historiografía cubana, la historia de Cuba está cimentada en mitos. Incluso la guerra de 1895-1898 dio pie a un nuevo mito: el mambí. Esta visión se correspondería, de modo similar, con la perspectiva de una determinada historiografía catalana, y en ambos casos se justificaría un sentimiento nacional a partir de la recreación de la historia: *El mito del mambí está hecho de historia y, aunque nos pese, la historia de Cuba está hecha de mitos. Para desmitificar al mambí como cifra y medida de todo lo cubano, sería necesario también desmitificar al historiador como dueño y señor de la verdad histórica nacional. Desmitificar desde la historia resulta entonces tan incómodo como pensar con seriedad desde el manicomio; pero, sobre todo, muchísimo más ridículo.*[20]

La situación creada en la isla de Cuba después de 1898, y sobre todo a partir de los primeros años del siglo XX, propició la aceleración de una voluntad popular que aspiraba a reafirmarse como nación, entendida como un conjunto de seres humanos entre los cuales dominaba la conciencia de poseer determinados rasgos culturales comunes –es decir, de ser un pueblo o grupo étnico (pese al multiracismo cubano)–, y que se encontraba desde tiempos inmemoriales establecido en un territorio determinado, sobre el que consideraba poseer derechos y deseaba establecer una estructura política independiente, con vocación de devenir un estado, o sea, un conjunto de instituciones públicas que administran un territorio determinado, con los medios coactivos necesarios para requerir la obediencia de los habitantes a las normas establecidas y para poder extraer los recursos necesarios para la realización de sus tareas. Ciertamente, la realidad cubana de inicios de siglo XX respondía, desde el punto de vista nacional, a factores coyunturales –la proclamación de la independencia–, pero que se había gestado, de forma progresiva, como veremos, muchos años antes. A nuestro entender, podría resultar lícito, y hasta cierto punto coherente, considerar que la evolución del sentimiento nacional cubano respondería a una transición de un cierto regionalismo –asociado en la isla de Cuba al autonomismo– al nacionalismo, en el

---

19   GIORI (2017), p. 96.

20   LEÓN ROSABAL (1997), p. 82.

sentido de definir al regionalismo como un movimiento que refuerza "sentimientos de afinidad hacia el espacio local, hacia lo propio, interpretándolo como algo ceñido a un ámbito geográfico reducido y manteniendo una serie de peculiaridades histórico-culturales, sin plantear a partir de ellas, reclamaciones de separación política",[21] o como afirma Xosé Manoel Núñez, con una absoluta ausencia de deseo de formar un Estado propio; mientras que el nacionalismo es un "discurso identitario que imagina la comunidad de una manera particular (como nacional) y que privilegia dicha forma de identidad colectiva sobre otras. El discurso nacionalista gira en torno a la creación de fronteras y la decisión de quiénes estarían dentro y fuera de ellas"[22] y que se corresponderían, en Cuba, a las reivindicaciones independentistas.

---

21   VAN DER LEEUW (2017), p. 47.
22   VAN DER LEEUW (2017), p. 47.

Calle del Obispo, en La Habana Estudio Fotografía Otero y Colominas (San Rafael, 32, La Habana)

2
Cultura y conciencia nacional: precedentes

LA SOCIEDAD CUBANA representaba un conglomerado multirracial –en las capas bajas predominaba la raza negra– y con una notable, si se nos permite la expresión, promiscuidad de procedencias geográficas. La oligarquía criolla tenía en los espacios más recónditos de su imaginario "nacional" figuras como la de José Martín Félix de Arrate (1701-1764), que con su obra *Llave del Nuevo Mundo* había dejado constancia de la diferencia entre los españoles criollos y los peninsulares, en lo que podríamos considerar una voluntad de establecer una aproximación a la historia de la patria. Arrate llegó a ser, en su tiempo, el reflejo intelectual del criollismo habanero, si bien es cierto que un criollismo aristocrático, colonialista, esclavista y racista y, por lo tanto, muy limitado desde el punto de vista social, aunque altamente significativo para la concienciación de las clases dominantes.

Tras esos precedentes, apareció en el ámbito más culto de la Isla un grupo de intelectuales, conocido como Generación del 92 o bien como Ilustración Reformista Cubana, que pertenecían asimismo a las familias más poderosas de la oligarquía criolla. Se trataba de personas educadas en las corrientes más avanzadas del pensamiento –de amplia cultura enciclopédica– y formadas en la experiencia mercantil. Partían de los principios de la Ilustración, por lo que cimentaban su conocimiento a partir del racionalismo, opuesto a la concepción medieval y escolástica. Sus planteamientos ideológicos suscitaban la manifestación de un sentimiento de dualidad, dado que se consideraban, como ha escrito el historiador cubano Eduardo Torres-Cuevas, por una parte, integrantes de la hispanidad concebida como una heterogeneidad de países y, por otra, "expresan y ponderan los intereses regionales cubanos a los cuales les inoculan personalidad propia dentro de la heterogeneidad española".[23] El ilustrado cubano Francisco de Arango y Parreño era el representante más destacado

---

23 E. TORRES-CUEVAS y O. LOYOLA (2001), p. 129.

de dicho posicionamiento, que desde un punto de vista económico defendía el libre comercio de esclavos como medida imprescindible para resolver las necesidades de mano de obra.[24] Sin embargo, durante la Guerra de la Independencia Española, la mayoría de hacendados cubanos –y el mismo Francisco Arango y Parreño– manifestaron un indiscutible apoyo patriótico a la corona española. Se trataba de una estrategia donde primaba una actitud de fidelidad y prudencia: la indiscutible defensa de la legitimidad de Fernando VII para evitar perturbaciones que hicieran peligrar el orden social.

Así pues, a inicios del siglo xix el bagaje de "doctrina nacional" era demasiado insignificante para una sociedad tan diversificada, por lo que resulta difícil creer que pudiese cuajar excesivamente un sentimiento nacional. Pese a todo, existía una infraestructura académica y cultural susceptible de definir nuevas aportaciones teóricas.

La protohistoria del independentismo cubano podría situarse en los primeros años del siglo xix, cuando se producen las primeras conspiraciones netamente independentistas, como las protagonizadas por Román de la Luz, Joaquín Infante y Luis Francisco Basabe, pese a que resultaron poco significativas y prácticamente desconocidas en la propia isla. Eso sí, en aquella época –alrededor de 1802– aparecía en el seno del movimiento reformista ilustrado cubano una corriente de gran trascendencia para la Historia de Cuba, muy imbricado en el sector ideológico y social. Esta corriente se organizaba en torno a la figura del obispo de La Habana, Juan José Díaz de Espada y Fernández de Landa –conocido popularmente como el obispo Espada–. Se trataba de un sacerdote de origen vasco, políticamente cercano a los liberales peninsulares, que mantenía profundas discrepancias con aquella planto-cracia criolla representada, intelectualmente, por el grupo de Francisco Arango y Parreño. El discurso de Espada, que pretendía defender los sectores más desfavorecidos de la sociedad cubana, se sustentaba en dos centros de proyección dirigidos por el mismo obispo: el Seminario de

---

24 Entre 1790 y 1820 entraron legalmente en Cuba más de 200.000 esclavos africanos, que eran conocidos como "bozales", para distinguirlos de los esclavos criollos, nacidos en América y que por norma general estaban bautizados y hablaban español. Pese a que el tráfico de esclavos había sido abolido por tratados internacionales desde 1817, las autoridades españolas se mostraron absolutamente tolerantes. La burguesía criolla y la burguesía comercial española coincidieron, como mínimo hasta la década de los sesenta, en la defensa de la esclavitud.

San Carlos y San Ambrosio[25] y la Real Sociedad Económica de Amigos del País (aún así, hemos de apuntar que Arango también había sido alumno del Seminario). Si bien el movimiento no era ideológicamente homogéneo, sí se caracterizaba por una serie de rasgos comunes: ideas políticas modernas, tendencia descentralizadora y autonómica –explicitada en una exaltación de la cubanidad–, rechazo del esclavismo y el latifundismo, crítica de la oligarquía y defensa de un proyecto de desarrollo fundamentado en la pequeña propiedad agraria. Espada, que murió en La Habana en 1832, fue acusado reiteradamente de masón, hereje e independentista. Ahora bien, el independentismo cubano se manifestaría inicialmente de la mano, sobre todo, de un personaje formado bajo los principios del obispo Espada y que resultaría pieza clave en la historia de Cuba: Félix Varela. Nacido en 1788 en La Habana, miembro de una familia de origen español, de larga tradición militar, Varela representa con total propiedad el perfil de intelectual completo y comprometido. Cursó la carrera eclesiástica obteniendo la cátedra de Filosofía en el Seminario de San Carlos de La Habana, donde ejerció su magisterio entre la juventud cubana.

Varela, que vive en la Cuba de principios de siglo xix, caracterizada por unas deficientes (prácticamente inexistentes) estructuras culturales, era consciente de la poca predisposición de la monarquía en mejorar aquella situación, y que el proceso de emancipación de la Isla exigía incidir en la culturización popular. Defendía que la necesidad de instruir al pueblo era un ejercicio tan perentorio como el de procurarle alimento. Sustentaba que los cubanos tenían que conocer el abanico de ideas que se generaban en el mundo entero, si bien debían disponer de una capacidad propia de interpretación que tuviese como referente la realidad inmediata, es decir, que era preciso conocer, sobretodo, la realidad cubana. Desde ese punto de vista, que priorizaba la capacidad de razonar y la experiencia, Varela iba desarrollando una conciencia cubana, no porque existiera una nación, sino por su aspiración a crearla. Su filosofía era la de "lo que hay que ser" de la sociedad cubana, en contraposición a la de "lo que era", colonial y esclavista. Este "querer ser" que proclamaba Varela, difícilmente podía coincidir, en una so-

---

25 El Seminario era el resultado de la refundación de las instituciones creadas a finales de siglo xvii: el Colegio San Francisco de Sales y el Colegio San Antonio –este a cargo de la orden belemita– y el Colegio San José, fundado por los jesuitas en 1725.

ciedad tan diversificada como la cubana, con los cuatro rasgos étnicos clásicos –raza, lengua, religión y pasado histórico–, pero reclamaba, según nuestra opinión, una especie de psicología colectiva.

La necesidad de conocimiento exterior que reclamaba Varela tenía ya en las primeras décadas del siglo un excelente instrumento en la prensa, que se multiplicaría en aquellos años. Dicha prensa difundía artículos de autores europeos como en el caso del abate de Pradt, que había formulado diversas ideas sobre la independencia de Cuba.[26] En 1818 había aparecido en París la significativa obra de Dufour de Pradt –antiguo arzobispo de Malinas– *Des Colonies et de la révolution actuelle de l'Amérique,* donde defendía la desaparición del fenómeno colonial y auguraba la emancipación de la América española. Pradt sostenía que las violencias de la conquista habían engendrado las violencias de las guerras separatistas.

El Real Seminario de San Carlos y San Ambrosio se constituirá en el semillero cultural y político de la juventud ilustrada de Cuba, resultando decisivo para el proceso formativo de la cultura y la conciencia nacional cubana en el primer tercio del siglo xix. Es de notar el papel de la iglesia cubana en el proceso de concienciación ideológica y nacional: Espada y Varela son dos figuras sin las cuales no sería posible entender la evolución de un movimiento que culmina en la década de los veinte, pero que dejará una huella indeleble en años posteriores. En el Seminario de San Carlos, Varela tendrá discípulos llamados a protagonizar destacadas páginas de la historia nacional cubana, como José Antonio Saco, José de la Luz y Caballero y Domingo del Monte. Es de destacar que mientras que Varela o Saco no tenían intereses en la sacarocracia, Del Monte o Luz y Caballero eran beneficiarios de un reducido patrimonio familiar originado en la industria del azúcar. En todo caso, la mayoría de estos intelectuales vivieron toda su vida en una estricta penuria económica, subsistiendo gracias a donaciones, suscripciones y honorarios recibidos por trabajos ocasionales. En el caso de Saco, por ejemplo, su dependencia económica de los plantadores criollos fue absoluta a lo largo de su vida.

La Sociedad Económica de Amigos del País fue constituida en La Habana por Real Cédula de Carlos IV a finales del año 1792, aunque en realidad era el resultado del impulso reformador de su padre Carlos III. El 9 de Enero de 1793 se realizaba la primera se-

---

26 Véase *El Revisor Político y Literario,* n° 52, La Habana, 30 de junio de 1823.

sión de la Sociedad bajo el gobierno de la Capitanía General de Luis de las Casas, a quién se designó como primer presidente de honor. La Sociedad fue fundada a partir de la influencia de la Ilustración española y el patrocinio de las clases acomodadas cubanas, tuvo una notable incidencia en el desarrollo político y cultural de la Isla. Un grupo de jóvenes liberales ilustrados accedían a la Sociedad y desde dentro mismo creaban la Academia Cubana de Literatura. Lo cierto es que tras una dinámica cultural se ocultaba una intensa actividad política. La Comisión Permanente de Literatura de dicha Sociedad, originariamente denominada Real Sociedad Patriótica de La Habana, creó en 1831, en la misma Habana, la *Revista y Repertorio de la Isla de Cuba* –más tarde, *Revista y Repertorio Bimestre de la Isla de Cuba*– dirigida por el catalán Marià Cubí Soler, un eminente frenólogo y literato. Al cabo de un tiempo, cuando la cabecera de la publicación se había simplificado con el nombre de *Revista Bimestre Cubana*, pasó a ser dirigida por José Antonio Saco, fiel representante de la plantocracia criolla (de la que dependía económicamente) y de la juventud intelectual. El cambio de nombre no era ni gratuito ni inocente, sino al contrario, pretendía incidir en el aspecto de afirmación de cubanidad. La revista gozaba de un remarcable predicamento entre la intelectualidad cubana. Se intensificaban, así, las sinergias entre clases sociales diversas, con intereses comunes a menudo contradictorios, pero que en su imaginario compartían la misma idea de una Cuba con personalidad propia. Fue la primera revista científico-literaria fundada en Cuba. A través de la Sociedad y de la Revista comenzaba a emerger, de forma organizada, la influencia ideológica del padre Félix Varela y sus discípulos, como Saco y José de la Luz y Caballero. La potencialidad docente de Luz y Caballero, heredada de Varela, resultó decisiva para llenar de contenido las teorías, iniciadas por Varela, que postulaban la necesidad de educar al pueblo, introduciendo renovados principios pedagógicos que hacían razonar a los alumnos sobre sus lecturas y explicando los textos, si era necesario palabra por palabra, para la comprensión del discurso; dicho método desterraba todo mecanicismo en clase y propiciaba la interpretación, con lo que los alumnos se acostumbraban a razonar.

Había surgido, tal y como hemos definido en otro momento, la cuna de una nueva cultura,[27] conformada por unos pensadores que

---

vivieron muy de cerca la experiencia emancipadora de otros países americanos y el período constitucionalista español, caracterizado por la impregnación del ideal de la Revolución Francesa de 1789, en que la libertad del individuo era materia prioritaria. Seguramente como a consecuencia de ello, se inició un proceso concienciador de valores propios, nacionales, que adoptaban como estandarte la defensa del americanismo cultural y literario. El ideario criollo se manifestará, inicialmente, a partir de propuestas literarias, inocuas a simple vista, pero de alto contenido simbólico. El movimiento "siboneyista", que hacía referencia a los antiguos –y desaparecidos– aborígenes cubanos, reivindicaba con nostalgia romántica un período histórico sojuzgado, aniquilado por los conquistadores españoles. El pedagogo cubano Ramiro Guerra, pese a situar los albores de la historia del pueblo cubano en el inicio del dominio español, dedica el capítulo inicial de su *Manual de Historia de Cuba* a la descripción de los primeros pobladores de la Isla, los siboney y los taínos.[28] Esta formulación literaria permitía expresar sentimientos patrióticos sustentados en una visión anticolonialista –de una elevada pureza racial, ya que los siboney no eran ni españoles ni negros– y en este sentido habría que considerarla mucho más radical que la futura Renaixença catalana, dado que ésta jamás planteó un proyecto enfrentado y opuesto al español.[29]

En Cuba, Félix Tanco, con su oda publicada en 1824 bajo el título "Grandeza y majestad de la Naturaleza en América", representa de manera muy pionera dicho sentimiento, ejercido también, a partir de sus aptitudes literarias, por Francisco Poveda y Domingo del Monte. Esta corriente americanista tenía como personaje emblemático, en zonas de Argentina y Uruguay, al "gaucho",[30] mientras que en Cuba lo era el campesino blanco –el "veguero"–, representado por un personaje amante de diversiones primarias expresadas en un marco rural, donde se excluyen las referencias a los problemas de la población marginada y esclavizada por la industria azucarera.

---

28 GUERRA (1971), p. 1-15.

29 Un exponente destacado, a lo largo del siglo XIX, del movimiento "siboneyista" fue el poeta José Fornaris (1827-1890), que con *Los cantos de Siboney* evocaba de modo idílico y figurado la vida de los aborígenes. Además, el espíritu siboney emergía de sectores profundamente populares.

30 El movimiento criollista literario tuvo como precursor en Argentina a Bartolomé Hidalgo, que introdujo la tendencia a la utilización del dialecto "gaucho".

Del Monte intentará recuperar el patrimonio literario cubano del siglo xviii. El análisis que hace Del Monte del tema de la lengua resulta muy ilustrativo si lo comparamos con la realidad posterior catalana, dado que el intelectual cubano consideraba que la lengua, más que un simple instrumento de comunicación, constituía un elemento aglutinador de la realidad cultural de las personas.

Se abría un nuevo período caracterizado por manifestaciones populares de cultura literaria, romances y décimas que, como observa Julio Le Riverend: *el tono prerromántico va tiñendo de un profundo espíritu nacional todas las manifestaciones culturales habaneras: aparece el "color local" refinado (…) la reacción contra el formalismo precedente, la afirmación del individuo y la búsqueda de esencias nacionales.*[31]

De todos modos, una cierta polémica por convertirse en pionero en la defensa del criollismo literario cubano recorrió la Isla, sobre todo a instancias de Poveda, que se autoproclamaba el padre de dicha corriente. El biógrafo de Del Monte, Urbano Martínez, lo sintetiza y resuelve del siguiente modo: *Aun cuando Del Monte antecediera a Poveda cronológicamente, fue este último el primer criollista sincero que habló desde el guajiro y supo captar con fidelidad su ambiente rural. Sólo que esto lo realizó por pura intuición. La primacía delmontiana está en la trascendencia de su empeño consciente, eso que Aurelio Mitjans llamó "idea reflexiva" y que se tradujo en la siembra de un espíritu proclive al desarrollo de una creación con rasgos locales distintivos. Tal triunfo sólo podía lograrlo una figura influyente, de respeto y consideración en el seno de la sociedad colonial, pero nunca un pobre trovador campesino, alejado de las academias. Por lo demás, la presunción de Poveda en lo tocante a ser el primero que cantó a Cuba y a su naturaleza, es insostenible: Silvestre de Balboa, Zequeira, Rubalcava o Heredia son precedentes dignos en ese aspecto.*[32]

Aún así, el desarrollo cultural utilizado como instrumento para alcanzar objetivos políticos, o bien simplemente para desvelar la conciencia nacional, será una estrategia practicada por los criollos que posteriormente encontrará concomitancias en el modelo de la Renaixença catalana.

---

31 Riverend Brusone (1992), p. 181.

32 Martínez (1997), p. 153-154. Sobre Aureli Mitjans se refiere a su obra: *Historia de la Literatura Cubana,* Madrid, 1918, p. 204.

Grabados del libro *Los ingenios de Cuba* (1856-1857) de Cantero y Laplante

3
Intereses económicos y nacionalismo

EN EL PANORAMA mundial las posiciones respecto a Cuba estaban bien definidas. Así, al lado de una buena parte de cubanos que anhelaban la libertad política y económica, con la supresión del tráfico de esclavos, España no quería en modo alguno perder el dominio de la Isla; EEUU, sin renunciar a su interés por Cuba, mantenía una actitud distante; el principal objetivo de Gran Bretaña era la abolición de la esclavitud –esencialmente se trataba de una cuestión táctica para debilitar a los industriales azucareros criollos– e impedir que Cuba pasase a manos norteamericanas y Francia abogaba por el mantenimiento de una Cuba española. Entretanto, la política del gobierno español en la Isla seguía siendo rigurosa e inquisidora. La nómina de exiliados ilustres se ampliaba acusados de haber participado en la revuelta de esclavos negros de 1844, conocida como conspiración de La Escalera. Las consecuencias de las revueltas afectaron a los intelectuales cubanos: Saco, Luz y Caballero y Domingo del Monte huyen a París, mientras que Félix Tanco es encarcelado.

Ya sea por convicción o por necesidad –la voluntad de acabar con el penoso exilio–, lo cierto es que los planteamientos políticos de algunos intelectuales, como Del Monte, experimentaron una notable atenuación en su grado de radicalidad. Del Monte escribía, desde Francia, al capitán general de la Isla una carta datada a 30 de abril de 1845, en la que llegaba a admitir unos principios de máxima condescendencia para con la política de la metrópoli y a expresar la renuncia a su pretérita ideología: *Unión a España, tranquilidad imperturbable, seguridad, orden y fomento interior son los bienes que deseo para mi patria. Estas han sido siempre mis ideas no las que me achacan mis enemigos.*[33]

---

33 *Centón Epistolario...* vol. VI, p. 193. Del Monte recuperaba la complacencia con la monarquía española que ya había manifestado en 1838 con la redacción de su "Proyecto de memoria a S. M. la Reina".

La crisis de valores, añadida a una intensificación de las luchas sociales, comportó que muchos alumnos de Varela renegasen de sus primeros posicionamientos patrióticos y, en algunos casos, emprendiesen el camino del anexionismo. En el sector de los reformistas arrepentidos que ahora atacaban con virulencia la "idea patriótica", destacan Félix Tanco y José Luis Alfonso –representante de la alta burguesía cubana– que llegaría a manifestar que *"en el siglo xix la patria es la propiedad y no espere revolución en Cuba mientras se pueda hacer azúcar y cosechar café (…) Cuando hablo del pueblo de Cuba me refiero solamente a las clases que representan la inteligencia y la propiedad, que son, en mi sentir las únicas que deben tener participación en el gobierno y que representan, efectivamente el progreso de las ideas y la conservación de los intereses sociales.*[34] Queda bien constatado el hecho que la burguesía se situaba en una posición antinacional de corte clasista y que su gran máxima y prioridad era la defensa de la propiedad.

En los últimos años de la década de los cuarenta comienza a flaquear en Cuba la fe en la concesión de reformas para mejorar la administración colonial y, de modo paralelo, van extendiéndose, como venimos apuntando, los principios a favor de la anexión a EEUU. Dicha posición contaba con el beneplácito de la sacarocracia liberal, ya que entendían que con la anexión se introduciría con fuerza el liberalismo norteamericano, lo que, en consecuencia, aceleraría la industrialización en Cuba. En este contexto ideológico se enmarcaría el movimiento cubano de Nueva York, con Gaspar Betancourt Cisneros –rico ganadero de Puerto Príncipe, conocido con el sobrenombre de El Lugareño–,[35] cuya estrategia se fundamentaba en *salvar el poder social, económico y político de los blancos criollos ante el dique colonial y la amenaza potencial de la mayoría negra. (…) Él no pudo zafarse del contraste entre el estancamiento isleño y el progreso republicano. España no es meta porque representa la pobreza en todos los órdenes.*

---

34   Carta de José Luis Alfonso a José Antonio Saco del 13 de febrero de 1837, conservada en la Biblioteca Nacional José Martí. Colección manuscritos (Alfonso), nº 51.

35   Desde 1847 Betancourt Cisneros dirigía, en Nueva York, el Consejo Urbano, que era una filial del Club de La Habana, entidad constituida por un grupo de hacendados del negocio del azúcar, presidida por Miguel Aldama.

Y la independencia es de éxito incierto por el atraso intelectual y cívico de las masas negras y mestizas.[36] José Antonio Saco, pese a las presiones, desestima, desde su largo exilio francés, cualquier proyecto anexionista dado que, según su criterio, ello representaría una emigración masiva de norteamericanos y acabaría con la absorción de Cuba por parte de EEUU: *Verdad es que la Isla siempre existiría, pero yo quiero que Cuba sea para los cubanos y no para una raza extranjera.*[37] Los planteamientos de Saco recibieron el apoyo de Del Monte.

Así pues, Saco tomaba la determinación de ir contra la corriente anexionista (si bien anteriormente había mantenido la postura contraria, lo cual le recordaban a menudo sus oponentes ideológicos), en unos momentos en que dicha opción gozaba de un elevado grado de popularidad. Adopta una actitud de defensa de los principios del nacionalismo cubano, mientras rechazaba la propuesta de Gaspar Betancourt Cisneros de asumir la dirección del periódico "La Verdad" y lanzaba un vehemente ataque a la anexión en el opúsculo "Ideas sobre la incorporación de Cuba a los Estados Unidos", impreso en París en 1848 y distribuido en España, Francia, Inglaterra, EEUU y Cuba por Domingo del Monte: *el luminoso trabajo, reconocido como de los más trascendentales de la historia política de Cuba, tuvo resonancia casi mundial, y produjo el efecto de atajar y destruir la "conspiración anexionista", nacida, en el alma cubana, como síntoma de desesperación más que como solución razonada y mucho menos sentida.*[38] Betancourt Cisneros censuraba a Saco su postura e introducía, en su crítica, elementos que desde el punto de vista ideológico y del nacionalismo cubano eran profundamente ambiguos, como queda reflejado en una de sus frases dirigidas a Saco: "convengamos que primero es la Patria que las vanidades de la nacionalidad".

Saco entendía que la anexión no podría realizarse por medios pacíficos. La guerra provocaría la aniquilación de la Isla y la supremacía africana, y tenía auténtica fobia a dicha raza. Saco prefería la subordinación política a una rebelión de esclavos, hecho que lo inducía a resignarse a mantener la colonia con pocas libertades en

---

36 García (2005), p. 40.
37 Figarola-Caneda (1921), p. 324.
38 Bustamante (1948), p. 340.

relación a las repúblicas independientes. Pese a los indicios evidentes de un espíritu nacionalista cubano, los africanos y sus descendientes eran vistos como elementos ajenos y foráneos a la Isla. El pensador cubano entendía que, en cualquier caso, el anexionismo representaría la desaparición de la nacionalidad cubana, dado que preveía *la marea de la "raza anglosajona" sumergiendo a la raza "cubana".*[39] Asimismo, los reformistas rechazaban cualquier asomo de emancipación política que presupusiera riesgos revolucionarios; ante esta hipotética disyuntiva preferían alinearse con España.

La animadversión hacia los africanos era compartida por muchos intelectuales cubanos. El propio Del Monte había expresado en 1837: *hoy no somos los cubanos más que un injerto de español y mandinga, es decir, de los dos últimos eslabones de la raza humana en civilización y moralidad.*

El pensamiento de Saco ejercía una gran influencia sobre un sector de la juventud cubana, a la que se le comenzaba a despertar el sentimiento de nacionalidad. Un caso muy ilustrativo es el del futuro líder cubano, Ignacio Agramonte Loynaz, que ya en su incipiente adolescencia reflexionaba, con temor, sobre la pesimista previsión de Saco de una pérdida de la identidad de Cuba como pueblo: *Si le hubiesen pedido una explicación, no habría podido darla. No sabía exactamente en qué consistía ese algo intangible, pero tan real, denominado "nacionalidad". Para él era un sentimiento arraigado, indefinible, que le hacía sentir amor por la tierra en que naciera y por los que, como él, eran sus hijos; que le planteaba el deber de defenderla y consagrar a ella sus esfuerzos.*[40]

Pierre Vilar ha reflexionado acerca de los procesos de emancipación de América Latina con el objetivo de identificar si los orígenes respondían más a una situación de miseria –la de las clases populares explotadas– o de una prosperidad como la que gozaban las capas criollas dirigentes, que participaban de ciertos beneficios metropolitanos y que aspiraban a alcanzar el poder.[41] En este contexto, resulta

---

39   Saco publicó sus teorías antianexionistas. Se ha consultado la edición siguiente: José Antonio Saco, *Contra la anexión. Recopilación de sus papeles con prólogo y ultílogo de Fernando Ortiz,* La Habana, Editorial de Ciencias Sociales, 1974.

40   Cruz (1972), p. 28. Esta obra, editada en Cuba, es una biografía apologética de Agramonte. Para una breve nota biográfica de Ignacio Agramonte véase: *Grandes acontecimientos de la historia de Cuba* (1977), sin paginar.

41   Vilar (1976), p. 49-50. Vilar investiga paralelismos interpretativos con las causas de la Revolución Francesa: "revolución de la prosperidad" –por el poder– o "revolución de la miseria" –para mejorar las condiciones sociales–.

importante recordar que la extracción social dominante del sector independentista la constituían cubanos blancos de clase media y alta, de notable educación recibida en escuelas dirigidas por criollos, o bien jóvenes cubanos que habían estudiado en el ambiente liberal de las universidades españolas y europeas, como era el caso, por ejemplo, de Ignacio Agramonte, que había declarado aquello de "Cuba no tiene más camino que conquistar su redención arrancándosela a España por la fuerza de las armas", a pesar de que al principio se mostraba más partidario de la formación de una República con la esperanza de que fuese reconocida por EEUU, "lo cual significaría una probabilidad cierta de desmoralización para España y ayuda efectiva para la revolución". La burguesía surgida de la expansión azucarera fue, sin duda, pieza clave del proceso independentista que llevaba inherente la guerra.[42]

De todos modos, hay que recordar que la guerra se inició en el Oriente de la Isla –una zona económicamente mucho menos desarrollada que el Occidente y alejada del poder político colonial–, hecho que indujo al historiador cubano Pérez de la Riva a considerar ésa la causa por la cual la burguesía azucarera de La Habana –que era mucho más numerosa– no mostró excesivo interés por la revolución, y que por tanto la revolución, más que de la prosperidad, fue fruto de la precariedad económica.[43] En todo caso, resulta indudable que en la guerra de 1868-1878 se encuentra el germen de la concienciación nacional cubana: es el punto de inflexión en el que se pasa del sentimiento de cubanidad, del orgullo de ser cubano, a reivindicar la historia y las libertades personales. Así pues, y como muy bien apunta Joan Casanovas, al estallar la guerra los dirigentes obreros se dividieron atendiendo a su origen peninsular o criollo.[44] O sea, en puridad, la guerra respondía más a intereses nacionales que sociales, conclusión a la que llegó también Pierre Vilar.

---

42 Precisamente fue la inexistencia de una burguesía nacional la causa de que en Puerto Rico no prosperase el movimiento independentista. Véase: BERGAD (1988), p. 149.

43 JUAN PÉREZ DE LA RIVA (1975), p. 82-84, citado por CUBANO (1995).

44 JOAN CASANOVAS (2000), p. 113.

Paseo del Prado de La Habana. Estudio Fotografía Otero y Colominas
(San Rafael, 32, La Habana)

Bahía de La Habana. Estudio Fotografía Otero y Colominas (San Rafael, 32, La Habana)

4
Nacionalidad y conflictos raciales

LA NECESIDAD DE definir y dotar de contenidos a la identidad nacional preocupaba a los intelectuales cubanos, que tenían que resolver el eterno problema racial en una sociedad poco predispuesta a aceptar la diversidad de razas. José Martí había defendido con vehemencia la necesidad de incorporar todas las razas al proyecto de construcción nacional, pero es indudable que el tema del racismo planeaba –llegando a interferir, a veces– sobre la mayoría de proyectos nacionalizadores latinoamericanos. El silencio y el olvido han configurado una memoria histórica plagada de voluntarias –e intencionadas– lagunas, como expresa Juan Luis Mejía respecto a Colombia: *cuando se hace un repaso de los bienes declarados patrimonio, es decir, aquellos que el Estado ha legitimado como memoria oficial, se descubre que más del 95% del listado lo conforman edificaciones religiosas de la época colonial y edificios de la oficialidad republicana. Lo indígena, lo negro, lo campesino y lo mestizo no forman parte de la memoria oficial. Es como si aquellas expresiones no hubieran existido o pertenecieran a otro país.*[45]

Había una inclinación a identificar la cultura y la civilización con la raza blanca, contradiciendo el espíritu de José Martí, que sostenía que "cubano es más que blanco, más que mulato, más que negro..." A finales de siglo XIX, había la tendencia de elaborar una idea de pueblo y de cultura en el imaginario popular que excluía el resto de identidades culturales y étnicas –y, por lo tanto, también y sobre todo, a la raza negra–. Fue muy lento y complicado que arraigase la concepción intelectual de "cubanidad" o "cubanía" como cuerpo integrado por diversas tradiciones y etnias.[46]

La memoria histórica oficial de Cuba ha otorgado, tradicionalmente, a la población blanca –y, especialmente, al campesino– la condición

---

45   MEJÍA (1999).
46   ROJAS (1998).

de portadores de la identidad nacional cubana. La intelectualidad cubana, con el propósito de diferenciarse de la población de raza negra, construyó un imaginario nacional constituido por el campesino de raza blanca, descendiente del español, pero también por la referencia a un pasado indígena encarnado en el "siboneyismo", movimiento que *rescató al indio antillano, lo integró en el panteón mitológico de los orígenes de la patria y en el imaginario elaborado por la elite blanca. De hecho hasta comienzos del siglo xx el campesino fue el principal exponente de la cubanidad: el campesino blanco y el guajiro descendiente de español y de indio, sin mezcla alguna con la población negra o mulata.*[47]

La controversia racial se prolongó durante mucho tiempo, y personajes tan influyentes como el antropólogo cubano Fernando Ortiz fueron partícipes en potenciar la idea de una nación cubana construida desde la raza blanca, y con la exclusión de la raza negra, hasta que años más tarde, el propio Ortiz experimentaría una inflexión teórica de su obra elaborando una nueva idea de la cubanidad, alejada de enfoques raciales, que rechazaría ya por artificiosos y convencionales. Se introducían así nuevos elementos de interpretación de la evolución histórica nacional, que podemos catalogar como diferenciadores y característicos de Cuba. En varios países de América Latina las estrategias de cohesión del sentimiento nacional se sustentaban en la reivindicación de la historia primigenia, la de los antiguos pobladores poseedores de cierta pureza racial, que eran incorporados a la memoria colectiva. En Cuba, en cambio, dicha estrategia tuvo un papel más secundario. En los primeros años del siglo xx, sólo Fernando Ortiz, con sus nuevos postulados, construía un discurso con la voluntad de usar el origen común de la cultura cubana como hilo conductor entre el diverso mosaico de protagonistas de su propia historia –el indígena taíno, el español, el negro, el mulato– y el cubano del siglo xx.

La cubanidad adquiría una categoría cultural que sobrepasaba los conceptos raciales.[48] Se llegaba así, a la superación de una situación que había dificultado la elaboración de un potente discurso de cariz nacional: *Al igual que otros intelectuales que le precedieron, Ortiz apeló a la historia y a las tradiciones para identificar los procesos formadores*

---

47 Naranjo (2005), p. 854.

48 Ortiz, F. "Los factores humanos de la cubanidad", *Revista Bimestre Cubana*, XIV, 2, 1940, p. 161-186.

de la nación y de la cultura cubana, pero identificó la transculturación como el fenómeno que definía el carácter sintético de ambas. Fue así, finalmente, como la cubanidad, según la había planteado Martí a finales del siglo XIX, volvió a servir de referente salvador y articulador de la nación.[49] En este sentido, la obra de Ortiz planteará la nacionalidad cubana –o cubanidad– desde *diversos factores, que aunque de origen diferente no se excluyen entre sí, sino que interactúan y originan el ser cubano, una identidad nueva, distinta de cada uno de sus componentes, en continua transformación por los diferentes elementos que desde sus comienzos y hasta la actualidad la forman.* Fernando Ortiz entendió que la educación tenía que ser el instrumento fundamental para combatir los déficits de una sociedad poco cohesionada y excesivamente analfabeta, por lo cual proponía *abrir las fronteras de la cultura y de la ciencia para permearlas de ideas del extranjero, de Norteamérica, y educar al pueblo en los valores, dentro de las raíces de su identidad, pero a la vez a la luz de los avances científicos. Para él la ciencia y la cultura eran los basamentos sobre los que debía descansar la nueva nación y el proceso de modernización.* El pensador cubano planteó la creación de universidades populares como mecanismo ideal para la culturización y regeneración del pueblo cubano, al estilo del krausismo español, con lo cual *el pueblo podría aprender a tener unos ideales superiores, que ayudasen a consolidar la nación, una nación aglutinadora de todos sus elementos y no sólo de una élite, a la vez que ayudaría a fortalecer la tambaleante nacionalidad integrada por españoles y cubanos.*[50]

49 NARANJO (2005), p. 868.
50 NARANJO (1996), p. 160-161.

Vista general de La Habana con El Morro, al fondo. Estudio Fotografía Otero y Colominas (San Rafael, 32, La Habana)

5
La estrategia nacionalizadora española: un mal ejemplo

LOS ESFUERZOS PARA profundizar y difundir la conciencia nacional cubana de estos intelectuales cubanos desde las primeras décadas del siglo XIX, convivían en un marco político complicado y a veces contradictorio, impuesto por una metrópoli sin proyecto nacional, y donde imperaban simplemente unas directrices políticas preocupadas esencialmente en mantener una colonia que generaba sustanciosos recursos económicos.

Hay que admitir que la Constitución española de 1812 tenía muy claro que el carácter y la conciencia nacional se tenían que construir a través de la enseñanza. En su "Discurso preliminar" lo ponía de manifiesto: *Para que el carácter sea nacional, para que el espíritu público pueda dirigirse al grande objeto de formar verdaderos españoles, hombres de bien y amantes de su patria, es preciso que no quede confiada la dirección de la enseñanza en manos mercenarias.* En la primera mitad del siglo XIX se sucedieron diversos intentos de regular la enseñanza, de los cuales el Estado no se reservaba el monopolio, sino una acción tutelar sobre la enseñanza. En el año 1855 el dramaturgo y pedagogo madrileño Antonio Gil de Zárate, artífice de la reforma educativa de los años cuarenta, interpretaba con clarividencia el asunto: *La cuestión de la enseñanza es cuestión de poder. El que enseña, domina, puesto que enseñar es formar hombres, y hombres amoldados a las miras del que los adoctrina. Entregar la enseñanza al clero es querer que se formen hombres para el clero y no para el Estado; es trastornar los fines de la sociedad humana; es trasladar el poder de donde debe estar a quien por su misión tiene que ser ajeno a todo poder, a todo dominio.*[51]

En 1857 se aprueba la Ley General de Instrucción Pública, a propuesta del ministro de Fomento Claudio Moyano. La enseñanza pública quedaba unificada bajo el control compartido de la Iglesia y del Estado. Se aplicaba una estructura de la docencia muy centralista

---

51 GIL DE ZÁRATE (1995), vol. I. p. 146-147.

en todos los niveles de la vida escolar, e incluso el doctorado se reservaba a la Universidad Central de Madrid. Parecía que se pudiera consolidar una estrategia nacionalizadora a través de la escuela. Por aquellas fechas aparecían las primeras Historias de España con unos contenidos que inequívocamente pretendían la construcción de una identidad nacional española.

Pero a diferencia de la escuela cubana, con el claro referente del Seminario de San Carlos y San Ambrosio, donde el objetivo era construir la identidad cubana a partir de unos postulados docentes modernos e innovadores, la escuela pública española *se mantenía encerrada en sí misma, difundía contenidos reaccionarios, tradicionalistas y escasamente científicos, por lo que estaba totalmente desprestigiada a causa de su limitada calidad. Aquella escuela era incapaz de difundir un discurso patriótico, de exaltación del orgullo de ser español, que sirviese de factor de integración y de modernización social y, por tanto, de nacionalización como sucedía en la escuela pública francesa durante la Tercera República.*[52]

La definición de una política educativa centralizadora y con vocación nacional había sido uno de los grandes objetivos de la Ley Moyano. Con todo, la misérrima inversión en el sector educativo por parte de los gobiernos españoles puso en evidencia el previsible fracaso: a finales del siglo XIX no se habían construido ni la mitad de las escuelas planificadas a partir de la Ley, un 60% de niños no estaban escolarizados y más del 60% de los ciudadanos del Estado español eran analfabetos. Además, las personas culturizadas habían recibido la educación, en gran medida, en escuelas privadas, la mayoría católicas. Tan penoso panorama concuerda perfectamente con el hecho que el maestro de escuela fuese una persona poco prestigiada y peor pagada. Los presupuestos del Estado español priorizaban el gasto militar. Incluso, las partidas económicas dedicadas al culto y a la Iglesia eran, en 1898, similares a las destinadas a la obra pública y cinco veces superiores a las de educación. La Iglesia católica española mantenía una dura pugna con el Estado y no promocionaba símbolos nacionales que hiciesen la competencia a los sacros y divinos símbolos religiosos.

---

52   RIQUER (2000), p. 36.

Resulta evidente, pues, que la voluntad del gobierno español de crear sentimientos nacionales era muy débil.[53] Posiblemente, dichos gobiernos priorizaban la necesidad de inculcar creencias religiosas a la construcción de conciencias identitarias. Consecuentemente, la enseñanza se dejaba, en buena medida, en manos de la Iglesia, que fomentaba la idea, como es lógico, y a diferencia de los clérigos cubanos del perfil de Félix Varela, que era más importante formar buenos católicos que buenos patriotas o buenos ciudadanos. Como explica José Álvarez Junco, la Iglesia católica "tenía una veta, no ya antiliberal, sino antiestatal. Una veta que, al disputar al Estado las competencias educativas, se convertía en "antinacional", en un obstáculo a la nacionalización".[54] La Iglesia había ganado la partida al Estado en el ámbito educativo. La escuela no formaba "españoles" en el sentido más "nacional" del término, sino que formaba ciudadanos católicos. La Ley Moyano no previó incluir en sus planes de estudio de nivel elemental una Historia de España y sí, en cambio, la Historia Sagrada.

Si la escuela no construía conciencias nacionales, todo hacía pensar que el ejército se erigiría en el gran instrumento nacionalizador. Sin embargo, el hecho que el alistamiento en el servicio militar y la participación en las guerras coloniales fuesen una opción eludible mediante el pago de dinero, creó a menudo un sentimiento de rechazo hacia la esfera militar. Las clases más desfavorecidas no sentían ninguna vinculación patriótica ni lazos de afecto hacia el estamento militar. En otros países europeos el servicio militar era obligatorio, y eso podía generar sentimientos afectivos que ayudasen a la construcción "nacional".

El ejército español no servía para nacionalizar. Al contrario: se trataba de una institución muy mal valorada e impopular, a menudo represiva, muy clasista y enormemente injusta a la hora de reclutar soldados de quintas. En ocasiones, incluso, se podría interpretar que

---

53   Es cierto que había habido en el siglo anterior, durante el reinado de Carlos III, un intento de crear símbolos nacionalizadores, como puedan serlo la bandera nacional para la marina de guerra, o un himno nacional –la Marcha de Granaderos– o la colocación en el palacio real de las estatuas de los reyes de España. En la actualidad existe una amplia bibliografía que pretende analizar, sobre todo desde la óptica española, la construcción de la idea de España. La obra más reciente: ÁLVAREZ JUNCO & DE LA FUENTE (2017).

54   ÁLVAREZ JUNCO (2001), p. 549.

la falta de una cultura patriótica militar se debía a luchas intestinas dentro del propio ejército español y de sus mandos peninsulares, según se desprende de las memorias del coronel catalán Francesc de Camps y Feliu, máximo responsable militar en la defensa de Holguín, cuando reclamaba un reconocimiento para los soldados españoles: *pero el Gobierno de Madrid, dio por la callada por respuesta, y los fieles holguineros no han sido premiados. Los envidiosos que tuvieron –entre cierta camarilla de los nuestros defensores de Holguín– se han salido con la suya, y dá pesar que los que fueron nuestros enemigos, reconozcan el mérito de la defensa, con más justicia, de algunos de los que se tienen por españoles, y no se batieron nunca por España.* A pesar de todo, en sus textos memorísticos, Camps y Feliu, construye un relato de una épica patriótica incontestable: *"la bandera española, acribillada á balazos, hasta la llegada de las tropas libertadoras. Durante los largos días de riguroso sitio, no tuve ocasión de probar que poseía ó no, grandes conocimientos; ni combinaciones tácticas, ni estratégicas, eran necesarias, pues en la defensa de una sola casa, más que la cabeza, obra el corazón: sí demostré que sabía morir por mi patria, también lo probaron mis denodados subordinados"*.[55]

Según defiende Borja de Riquer, la pujanza de los nacionalismos periféricos de finales de siglo XIX no supuso el debilitamiento –o destrucción– del nacionalismo español, sino que aconteció al revés: el fracaso del nacionalismo español fue el causante del éxito político de los nacionalismos alternativos. El altísimo número de prófugos y desertores es prueba irrefutable del poco prestigio de que gozaba el ejército español.

La España del siglo XIX desaprovechaba los instrumentos más valiosos para la nacionalización de sus ciudadanos, con el agravante que la recreación simbólica constituida por elementos, definidos por Eric Hobsbawn como "invención de la tradición", como pueden ser las banderas, los himnos, las efemérides, los monumentos o el mismo nomenclátor del callejero, tampoco acabaron de adquirir una función claramente patriótica. Incluso, el Desastre de 1898 fue un motivo frustrado para instituir homenajes a los combatientes del ejército español. Una excelente ocasión perdida para sintonizar con las tendencias de las construcciones nacionales. La emoción y el sentimiento representaban, a criterio del politólogo Carlton Hayes, los máximos

---

55 CAMPS Y FELIU (1890), p. 38 y 41.

exponentes constitutivos del discurso nacionalista, que enaltecían las glorias patrias a través del sacrificio y martirio de sus defensores.[56] Resulta significativo comprobar cómo en la ciudad de Barcelona, en aquella época, se pondrá nombre a calles con un alto contenido simbólico, pero catalán: Córcega, Rosellón, Provenza, Mallorca, Valencia, Aragón, Nápoles, Consejo de Ciento, Ausias March o Almogávares. Como recuerda Álvarez Junco, no queda muy claro "si aquella afirmación de lo catalán era una forma de expresar las glorias de España, o si se trataba ya del embrión de un nacionalismo alternativo.[57]

Así pues, en el caso de España la empresa nacionalizadora a lo largo del siglo xix había sido poco efectiva, seguramente por la incompetencia de los sucesivos gobiernos que, a diferencia de las autoridades cubanas, como veremos, infravaloraron en dicho contexto la escuela, mientras que la monarquía española tampoco disponía de crédito suficiente para erigirse en aglutinadora del sentimiento nacional. Los símbolos tampoco constituían instrumentos de unión. Tanto himno como bandera fueron elementos de escasa consideración sentimental y honorífica, hecho que propiciaba la aparición de otras banderas e himnos alternativos. Por otra parte, la Iglesia española tampoco se propuso tarea nacionalizadora alguna y, en cambio, sectores eclesiásticos catalanes, vascos o gallegos utilizaban la lengua propia para su comunicación pastoral. España no tenía proyecto ni esperanza en el futuro. Su escasa presencia en la escena internacional provocó que en la práctica circulase una imagen muy negativa de la propia identidad colectiva.

Esta poca convicción nacional española se puede interpretar de distintos modos. Borja de Riquer lo atribuye a la ausencia de un enemigo exterior desde 1814, año de finalización de la guerra contra los franceses: *En este sentido, las campañas de exaltación patriótica promovidas durante las guerras coloniales de 1859-1860, 1868-1878 y 1895-1898 resultaron demasiado oportunistas y relativamente coyunturales para que sus efectos penetraran realmente en las conciencias populares.*[58] La revista *La España Regional* lo detectaba antes de la

---

56 Hayes (1966).

57 Álvarez Junco (2001), p. 562-563.

58 Riquer (2000), p. 41.

última guerra cubana: *En España no hay verdadera conciencia nacional porque en realidad no hay nación, ni menos aún unidad nacional, sino un conjunto de nacionalidades dentro de un solo Estado.*[59]

En los últimos años, la historiografía española ha analizado, debatido, y en algunos casos cuestionado, diversos aspectos relativos a la tesis de la débil nacionalización, bajo el argumento, en ocasiones, que es necesario incorporar al discurso español las aportaciones de las regiones al proceso de *nation-building*.[60]

Los intentos del Estado español de construir un sentimiento nacional, poco identificable con la imagen tradicional del imperio o monarquía, a lo largo del siglo XIX fueron muy poco exitosos. Hemos mencionado la cuestión de la bandera, el himno o los monumentos, como elementos nacionalizadores, pero poco convincentes en aquella época, si bien junto a eso se intentaba imponer, aunque fuese nominalmente, una estructura "nacional", con denominaciones como Biblioteca Nacional o Teatro Español. O sea, se inauguraba el siglo XX con una explícita necesidad de inventar la tradición, o al menos intentar cortar una situación deplorable, en la que EEUU, un país joven –sin historia, como afirmaba la prensa española– se imponía a un Estado español con solera y reminiscencias imperiales, ejerciendo su dominio en el Caribe y en el Pacífico. España era la imagen de un país envejecido, desprestigiado, arcaico y con un estereotipo, a ojos sobre todo del mundo anglosajón, fundamentado en la tradición más rancia.

En definitiva, el sistema político de la Restauración española había procurado la desmovilización ciudadana, la exclusión política de las masas. Se trataba de un gobierno de elites. Desde esa perspectiva resulta fácil entender que el proceso de nacionalización fuese radicalmente débil, muy alejado de los modelos de Francia, Alemania o Italia, que persistían en las estrategias nacionalizadoras de las masas. Así, por lo que respecta al caso francés, en el último cuarto de siglo XIX presentaba un contexto dominado por la revolución en las comunicaciones, con una apreciable red viaria y un ferrocarril que permitía conectar los aislados núcleos campesinos y crear un

---

59 *La España Regional*, Barcelona, tomo VII, 1889, p. 182. Para profundizar en el estudio de *La España Regional*, consultar: Cattini (2011), p. 17-40.

60 Ver, entre otros autores: Archilés (2006), Molina (2006), Moreno Luzón (2007), Esteban de Vega & Calle Velasco (2010), Saz & Archilés (2012), Luengo & Molina (2016), Marfany (2017).

—Oyga osté, compare. ¿Cómo se las ha apañao osté para que creciera tanto la maldita?
—Sencillamente. Haberla regado con buena regadera, tonto.

Viñeta donde se critica la nefasta política desarrollada por los españoles en Cuba
(*La Tralla*, Barcelona, 19 de mayo de 1905)

mercado económico y cultural ciertamente nacional; las reformas educativas que propiciaron la creación de una red de escuelas laicas, gratuitas y obligatorias, con la unificación del idioma francés de Paris, la institución del servicio militar obligatorio; todo ello hizo circular con fluidez un discurso patriótico que gencró y activó un profundo sentimiento de identidad nacional.

España, a finales de siglo XIX, intentaba, con poca maña y habilidad, potenciar un discurso de base nacionalista, un discurso grandilocuente cargado de referencias a las grandes glorias del país, en todo caso, similar a otros países europeos, pero mucho más arcaizante y bastante menos efectivo. Resulta altamente significativo el interés académico por el estudio de la época visigoda, dado que se consideraban a los reyes godos los forjadores de la identidad y padres del espíritu nacional. Con ellos había surgido la génesis de la esencia del ideal de la España monárquica, católica, invencible, militar, guerrera, unida e independiente del mundo exterior. Con la intención de fomentar, aún más, el orgullo nacional, en la escuela se enseñaba a los niños españoles las glorias de Viriato, Numancia o las tres carabelas de Colón.

La debacle provocada por la derrota militar que comportó la independencia de las últimas colonias y el consecuente desprestigio de las estructuras de poder españolas aceleraron la política intervencionista y un desesperado dirigismo en el sistema educativo, con el objetivo confeso de recomponer la deteriorada imagen de España a base de reglamentos, circulares, reales órdenes y decretos. Se insistía desde el gobierno español en que una de las funciones de la escuela era la de mantener el orden establecido y la defensa de la unidad del país y de su monarquía.

El desarraigo ciudadano del proyecto político español comportó un significativo distanciamiento popular y una acusada desmotivación que no se activaba ni siquiera a partir de la puesta en marcha de los mecanismos de sensibilización identitaria más habituales. Esta distorsión entre voluntad política y sentir popular constituye, quizás, como explica Carlos Serrano, una de las constantes en la historia del liberalismo español; y, en todo caso, es lo que se repite con la tentativa de generar desde el Estado un culto a los difuntos, como sacralización de la nación. Los esfuerzos resultan vanos: los monumentos que a raíz de la guerra de Cuba invaden las calles y plazas de España no superan los límites de una práctica restringida con la que sólo comulgan dirigentes y notables. La pedagogía de la muerte no consigue cuajar en el ámbito sociopolítico español de 1900: *El pueblo, o si se prefiere, las masas, quedan generalmente al margen de la ceremonia cívica: signo inquietante de un desapego, que no tardará en convertirse en hostilidad, y de la que puede incluso surgir un contra-ritual, fenómeno común en la España finisecular.*[61]

---

61   SERRANO (1999), p. 16.

6
España sin colonias y sin proyecto nacionalizador

LA PÉRDIDA DE las colonias en 1898 provocó en España un sentimiento de frustración y desconcierto absoluto que no tenía nada que ver con las reacciones que se produjeron a lo largo del siglo XIX con la pérdida de otras colonias españolas. Según escribe José Álvarez Junco: *Se trata, por tanto, de un excelente ejemplo de cómo el mando se interpreta culturalmente y de cómo unas elites que son las portadoras del proyecto nacional llegan a creer en el esquema mental que predican. Entre 1825 y 1898 se habían cultivado unos sentimientos de orgullo patrio que habían dejado su huella sobre las clases altas y medias educadas, y las rivalidades entre estados, y en particular las guerras, habían pasado a inscribirse en un marco interpretativo nacional. Eran esos sentimientos los que les hacían interpretar ahora como fracaso colectivo propio lo que antes sólo había sido una pérdida de territorios por parte del rey.*[62] En la misma Isla, la prensa española, como el *Diario de Marina* –fundado en La Habana en 1844 y que durante muchos años representó el sector más ultraespañolista– se lamentaba de la nueva situación y contemplaba con gran desasosiego el simbólico acto de arriar la bandera española: *con ella caen todas nuestras esperanzas y todas nuestras ilusiones de ciudadanos de una gran nación. Con ella se van nuestros hermanos, últimos restos de ese gran ejército que ha alfombrado con sus huesos las sabanas y los bosques de esta Isla... Desde hoy somos extranjeros en esta tierra hasta ahora española.*[63]

La guerra de Cuba había puesto en evidencia varias cosas. La desmesurada propaganda patriotera, a lo largo del conflicto bélico, practicada por muchos medios de comunicación españoles y algunos intelectuales, no ejerció demasiada influencia entre la opinión pública, que demostró muy poca conciencia nacional: *Al pueblo le*

---

62   ÁLVAREZ JUNCO (2016), p. 172.

63   "Fecha Memorable", *Diario de la Marina*, La Habana, 1 de enero de 1899.

faltaban, como sabemos, escuelas, fiestas, ritos, símbolos, monumentos. Y le sobraban caciques, servicio militar discriminatorio, ineficacia y arbitrariedad administrativas diarias. De ahí su reacción de distancia frente al Estado y de escepticismo frente a los reclamos patrióticos.[64]

Incluso poco antes de la primera Guerra cubana de 1868-1878 algunos escritores españoles ya habían construido imágenes literarias donde destacaban el escaso espíritu nacional español, y clamaban por una regeneración "patriótica".

Al iniciarse la guerra, y con la ayuda de algunos sectores periodísticos, se procuró acentuar el espíritu patriótico. En este contexto es muy significativo el contenido de la noticia publicada por el *Diario de Barcelona*, en su edición del 9 de noviembre de 1869, relativa a la defensa de Holguín: "A la audacia del ataque fue respondiendo la energía de la defensa, y en el mes y medio que puede decirse que duró el sitio de Holguín se reprodujeron, si bien en menor escala, varios de los episodios del sitio de Gerona, recuerdo que debió influir, seguramente, en el ánimo de un militar, hijo de una ciudad que inmortalizó el nombre del general Álvarez".[65] Tras el desastre del 98 se intensificaría la estrategia patriotera y se empezaría un proceso de "nacionalización de las masas" con una intensa política educativa, con la creación, en 1900, del Ministerio de Instrucción Pública, y con la constitución del Centro de Estudios Históricos, institución que tenía como tarea importante la fijación de la esencia histórica de la nación, con Ramón Menéndez Pidal al frente, que *bajo la apariencia de positivismo científico, se dedicó a buscar en la historia la clave del "carácter racial" español y, naturalmente, lo encontró: en la lengua y el "espíritu" castellanos.*[66]

Sin el dominio colonial, y en la misma isla de Cuba, parecía que los españoles quisieran revitalizar su patriotismo, aprovechando que el nuevo Gobierno de ocupación militar americano permitía a las instituciones españolas establecidas en Cuba izar la bandera española. El diario *La Unión Española*, publicado en La Habana, escribía en 1899: *Día de fiesta, igual á aquellos en que los batallones voluntarios pasaban debajo de nuestros balcones, armas al hombro, risueños y felices, un solo*

---

64   Álvarez Junco (2001), p. 587.

65   Se refiere al coronel Francisco de Camps y Feliu, nacido en la ciudad de Girona el año 1825, y jefe de la tropa española en Holguín.

66   Álvarez Junco (2001), p. 590.

Embarque de voluntarios catalanes en el Puerto de Barcelona listos para participar en la Primera Guerra de Cuba (1868-1878). (Pintura de Eduard Llorens i Masdeu. Palacio de Sobellano. Comillas. Santander)

pensamiento y una sola voluntad: el amor a la patria (…) Ya podemos, pues, izar nuestra bandera. Nadie nos lo prohíbe (…) Agrupémonos (…) alrededor de esa bandera que es nuestra, y si las torpezas de nuestros hombres de gobierno la dejaron a la merced de la suerte, que no protege siempre á los pueblos más dignos, hagamos menos cruel su dolor y no reprochemos á los que tienen el valor de llevarla sobre el corazón para que recoja sus latidos, sintiendo las desventuras y esperando la regeneración de la patria.[67] Pese a ello, en los primeros días de ocupación norteamericana se sucedieron hechos puntuales contrarios a dicha autorización, como el caso del alcalde de La Habana, que el 5 de octubre de 1899 promulgaba un bando que prohibía la utilización, en el término municipal de La Habana, de la bandera española en el exterior de los edificios o en cualquier lugar donde se reuniera público, a fin de evitar las provocaciones y el desorden.

El Estado español se esforzaba en recuperar el tiempo perdido. La experiencia de la pérdida de las colonias había resultado definitiva: los ciudadanos españoles mostraron una indiferencia patriótica absoluta. Había que iniciar una expansión de la conciencia nacional, ya que una de las tareas prioritarias, urgentes y muy exigidas por

---

67 Reproducido por el *Diario El Carbayón*, Oviedo, 6 de abril de 1899.

una amplia mayoría, era la de forjar en las mentes de las jóvenes generaciones de españoles, sobre todo desde la escuela, fuertes sentimientos patrióticos. Se empezaron a buscar, pues, estrategias para insuflar el espíritu patriótico entre la población con el objetivo de alcanzar la unificación nacional en el conjunto del Estado a través de elementos simbólicos: en 1908 se decidía celebrar el centenario de la "Guerra de la Independencia", se decretaba, ese mismo año, que la bandera española ondease en los edificios públicos, se fijaban por decreto los días de fiesta nacional, se oficializaba el castellano como idioma oficial común y administrativo, sin tener en cuenta la diversidad lingüística del conjunto del Estado. Junto a las iniciativas públicas se alinearon algunos intelectuales españoles en esa cruzada nacionalizadora: homenajearon a Cervantes en el tercer centenario de la aparición del Quijote; en 1909 se rendía homenaje a otra gloria nacional, Larra; en 1908 y 1912 se celebraron los centenarios de la Guerra de la Independencia y de Constitución de Cádiz, respectivamente; y en 1913 Ortega y Gasset creaba la Liga para la Educación Política, con el claro objetivo de educar al pueblo en los "valores nacionales", y en su primer gran discurso público afirmaba que España no existía como nación y que el deber de los intelectuales era construir España. El Estado implementaba el sistema educativo obligatorio para todos los ciudadanos e imponía, también, como obligatoria, la asignatura de historia para los niños de primaria y secundaria: "Era el saber nacionalizador y patriótico por antonomasia, La historia se configuró, por tanto, como un saber nacional, como una asignatura patriótica y como una ciencia social".[68]

Se había iniciado un intenso proceso nacionalizador que se identificaba, en gran medida, con el espíritu regeneracionista de la época, y que comportaba el rechazo de lo que llamaban "egoísmos locales". A inicios de los años veinte, con la guerra de Melilla, parecía que el desinterés patriótico hubiese desaparecido y que las consignas y eslóganes "nacionales" comenzaban a cuajar: "Soldadito español, soldadito valiente", "Banderita tú eres roja; banderita, tú eres gualda". Las campañas nacionalizadores no cejaban: un decreto del gobierno Maura de 1918 instituía la Fiesta de la Raza, mientras que, de modo paralelo, los intelectuales conservadores sugerían la idea de la "Hispanidad"; se incorporó la referencia a los hermanos de la raza ibérica al discurso

---

68   Pérez Garzón (2005), p. 706.

patriótico; se entendía el concepto de "madre patria" como ente benefactor y generoso, que contrastaba con lo que había significado la dominación colonial. Estas invocaciones a la América española, y la reivindicación de las "glorias imperiales" eran la gran característica de un nuevo nacionalismo que se diferenciaba del siglo anterior, caracterizado por la tendencia a evitar la exaltación del imperio, dado que para los liberales del siglo XIX eso representaba venerar las ambiciones territoriales de la monarquía. Asimismo, un decreto de 1920 obligaba a la lectura diaria de un texto del Quijote en las escuelas, estrategia que fue sustituida al año siguiente por una nueva obligación: utilizar un *Libro de la Patria* para enseñar a leer a los párvulos españoles.

7
Vasos comunicantes entre el nacionalismo catalán y el español

En la Cataluña del primer cuarto de siglo xix pensar en planteamientos identitatios resulta quimérico. El movimiento romántico, introducido en Cataluña, en gran medida, por una revista, *El Europeo* –que se publicó entre 1823 y 1824–, representaba una nueva manera de interpretar la historia nacional. Ahora bien, si queremos buscar conexiones entre dicha revista y la propagación de unos principios de raíz nacionalista, entonces constatamos que las manifestaciones de catalanidad de *El Europeo* son prácticamente inexistentes, salvo contadas excepciones, como algún escrito del redactor e impulsor de la revista, Ramon López Soler, que enaltece las peculiaridades propias de la "patria" –la tierra, las costumbres, la lengua–: *Esta palabra patria no solamente nos da una idea de las relaciones contraídas en nuestra infancia, de los objetos que inflamaron por la primera vez á nuestra juventud, y de las personas que tienen un derecho á nuestro afecto; sino que nos la dá también de aquellas encantadoras costumbres en que fuimos criados".* Pero la identificación de esta patria con Cataluña admite una dosis considerable de duda, dado que, en esencia, López Soler piensa en España y probablemente define (¿inconscientemente?) Cataluña. Según él, mantener las tradiciones equivalía a conservar la potencia de la patria: *un pueblo ligado por unas mismas costumbres (…) prefiere constantemente la pérdida de la vida a la de los usos.*[69] Señalemos que la producción escrita de la culturalmente activa burguesía catalana era en castellano, mientras que la dirigida a las capas populares se redactaba en catalán. Para Ramon López Soler mantener las tradiciones equivalía a la potencia de la patria.

Ahora bien, en el Estado español, la nula correspondencia entre el poder político y el económico alimentó el progreso de nacionalismos periféricos como el catalán, el cual a partir de una larga, densa y par-

---

69   *El Europeo,* Barcelona, 31 de enero de 1824.

ticular trayectoria histórica –con el tema de la lengua inclusive– iba estructurando un discurso nacionalista mucho más sólido y coherente que el español. Sin embargo, es cierto que a lo largo del siglo xix España quizás no había tenido una excesiva necesidad nacionalizadora, dado que la presión que podían haber ejercido los nacionalismos periféricos fue muy relativa. Los regionalistas catalanes no tenían la más mínima vocación separatista. Resulta muy significativo y paradigmático un artículo firmado por un prohombre del regionalismo burgués catalán, Josep Pella i Forgas, y publicado el 17 de junio de 1887 en *La España Regional* de Barcelona, donde después de ofrecer una visión de la actividad de los centros y casales catalanes y gallegos en la Isla de Cuba, analizaba las posibles equivalencias entre el regionalismo catalán y el cubano, concluyendo que mientras Cataluña, que históricamente ha demostrado su capacidad para autogobernarse y "que no debe nada a España" no quiere la independencia *porque ya se arraigó en ella el sentimiento español verdadero y leal: tan verdadero y tan leal, que mientras los autonomistas americanos se aprovechaban de las tribulaciones de la patria y proclamaban falazmente su independencia, robando a España todo lo que aportó á América durante dos siglos, (…) los autonomistas catalanes peleaban como fieras para sostener con honra su título de españoles; y tan acendrado era y es su españolismo, que ni aun ofreciéndoles Napoleón los deseados fueros, quisieran hacerle caso. Este hecho y otros más que registra la historia de nuestro siglo, demostrarán al mundo que entre la buena fe del autonomismo catalán y la del autonomismo americano, media un abismo de sentimiento español.*

Este texto de Josep Pella i Forgas pone pues de manifiesto, de manera inequívoca, qué tipo de regionalismo defendía la burguesía y cómo no se cuestionaba, en absoluto, la integración de Cataluña en el proyecto español. Evidentemente, bajo unos principios básicos de autonomía: *A la región debe confiarse el cuidado de su lengua, de su literatura, de su arte, de sus costumbres y leyes especiales de derecho privado y de sus intereses administrativos particulares.*[70] La burguesía catalana estaba más preocupada por sus intereses comerciales en Cuba, que no por la dirección política que los españoles querían imponer en la Isla, si bien algunas voces del catalanismo más radical, provenientes de *La Renaixensa* e incluso de gentes de *La Veu de Catalunya* –publicación

---

70 J. Pella i Forgas: "La región gallega", *La España Regional*, Barcelona, 12 de noviembre de 1886.

que se erigiría en portavoz de la Liga Regionalista bajo la dirección de Prat de la Riba–, se alinearon con la prensa federal en la defensa de la causa de los patriotas cubanos. Naturalmente, no se oponían al hecho colonial –existían excesivos intereses económicos–, pero sí que exigían la aplicación de un modelo de gestión descentralizador.

El episodio acontecido en las Islas Carolinas en 1885-1888, cuando los alemanes intentaron apropiarse de una Micronesia española, pone de manifiesto algunos aspectos muy significativos sobre relación del patriotismo español y Cataluña. Sin duda, se comenzaba a perfilar en el medio periodístico metropolitano un innovador nacionalismo, de raíz militar, que partía de la identificación esencialista, individual y colectiva.[71] En Barcelona a finales del mes de agosto de 1885 salían unas 125.000 personas para protestar contra la ocupación alemana en un acto de inequívoca afirmación patriótica españolista. De manera similar, la inmigración catalana reaccionaba a la guerra cubana de acuerdo a la mística patriotera española, y aportaba el cuerpo de Voluntarios Catalanes, con su romántica barretina contra la insurrección separatista cubana: *Cuando los buenos españoles, nacidos aquí y en la península, se convencieron que era forzoso sacudir su confiada inercia, solicitaron presurosos un fusil para defender la sagrada causa de la patria. Por eso con rapidez asombrosa se organizaron batallones, escuadrones, compañías y partidas sueltas que, andando el tiempo, habrían de ver aumentadas sus filas con hombres procedentes de la insurrección armada, muchos de los cuales, rivalizando con los primeros, han muerto heroicamente en el campo de honor, dirigiendo su postrer mirada á la honrosa enseña de la Habana, de Gerona y de Tetuán.*[72] Como escribe Enric Ucelay-Da Cal: *Ni que decir que este mismo "españolismo" vertebró el "patrioterismo" de la última contienda cubana y las exaltaciones del 98 mismo ante la intervención estadounidense, para convertirse en el vehículo de la nueva prensa "militarista" que tan agresivamente combatió los primeros brotes regionalistas en Cataluña y en el País Vasco.*[73]

En todo caso, *La España Regional* tampoco rehuyó la formulación de propuestas terminológicas referidas al concepto de catalanismo. En el último cuarto de siglo se había originado un cierto confusionismo,

71 Ucelay Da Cal (1997).

72 Camps y Feliu (1890), p. 16.

73 Ucelay Da Cal (2003), p. 68-69.

o cuando menos, existía poca unidad de criterio a la hora de utilizar conceptos como Estado, nación, nacionalidad, patria…, y delimitar su alcance. Pella i Forgas identificaba el concepto nación con el de Estado, que eran las dos fórmulas que utilizaba para definir España. En cambio, la palabra nacionalidad la reservaba para referirse a Cataluña. Ahora bien, Pella consideraba que la inconcreción de la realidad española propiciaba muchas dificultades para atribuir, con todas sus consecuencias, la categoría de nación a España: *Como no existe en España verdadera unidad nacional, falta asimismo opinión formada acerca de los destinos y aspiraciones de la nación, y carecemos de patriotismo nacional… La nación, en el concepto de entidad viviente y efectiva (y no cuerpo de artificio y aparato de pueblos diversos reunidos bajo un solo centro), ciertamente que no existe…*[74]

Unos años antes de la fundación de *La España Regional,* Pella i Forgas, junto a Josep Coroleu, había expresado en su obra *Los Fueros de Cataluña* (1878) que: *La unidad de la lengua catalana nos demuestra la de la nacionalidad. La idea de nacionalidad no debe confundirse con la de nación, por más que en el lenguaje vulgar se utilicen como sinónimos ambas palabras, ya que nación es un estado político, soberano e independiente.* Esta posición contrasta con la de Prat de la Riba, que entendía que nacionalidad expresaba una idea "sinónima de nación y ninguna diferencia puede encontrarse en una y otra".[75]

Quedaba claro, pues, que la burguesía catalana estaba dispuesta, y ya desde principios de siglo xix, a renunciar a muchísimas cosas –entre ellas, su mayor señal de identidad: la lengua–, pero exigía a España la constitución de un proyecto común, pero con condiciones, o sea, como explica Josep Fontana, que construyera, una nación "moderna", donde se pudieran llevar a término las capacidades catalanas de progreso económico.[76] En este contexto hay que situar el debate

74 J. Pella i Forgas: "De la propaganda para la unión entre España y Portugal", en *La España Regional,* Barcelona, 1890.

75 Prat de la Riba (1910). Véase, especialmente, el capítulo: "Génesis del nacionalismo", p. 41-65.

76 La máxima ambigüedad de la burguesía catalana la representaría el diputado a las Cortes del Trienio, Joan de Balle, "a medio camino entre la defensa de la propiedad feudal, como apoderado de los Cardona-Medinaceli, y su visión industrialista del futuro", cuyos discursos nos muestran, a criterio de Pierre Vilar, "con qué fluidez juega con la alternancia conceptual entre la *patria catalana* y la *nación española.* Fontana (1988), p. 201-202.

historiográfico referente a la "debilidad nacionalizadora" de España. La burguesía catalana mostraba una clara voluntad de compartir un proyecto nacional español que favorecía sus intereses económicos, por lo que, como interpreta Agustí Colomines: *El fracaso de la tan trabajada nacionalización* (española) *no debió ser el resultado de su debilidad ni de la falta de voluntad del Estado para conseguirla, sino de otra cosa. Tal vez deberíamos considerar que la dinámica de las formaciones sociales periféricas fue más resistente de lo que se dice a los embates del centralismo (...) La nacionalización de España, más que débil, fue, de entrada, ineficaz".*[77]

En Cataluña, la Renaixença representó un claro indicio de que desde la cultura se construía una nueva realidad nacional, pero no será hasta después de 1898 que se activará un nacionalismo potente, postulado, más allá de la cultura, desde la política. Un nacionalismo, el catalán, que apostaba por legitimarse a través de la modernidad, la europeización y, en cierto modo, alejándose de su origen más rural y conservador.

El impulso del nacionalismo catalán y vasco de inicios de siglo xx, provocó la reacción del nacionalismo español que se transformó en una manifestación ideológica agresiva, ultranacionalista y excluyente. Este era el gran problema del nacionalismo español: que se iba construyendo a partir de la evidencia de la consolidación de los nacionalismos periféricos, lo cual comportaba la adopción de una actitud defensiva y muy poco regeneracionista, que justificaba su razón de ser más en postular el concepto de antiseparatismo que en una voluntad de integración, en cultivar, como afirman Borja de Riquer y Enric Ucelay Da Cal, un nacionalismo unitario y autoritario, muy preocupado por el peligro separatista y proclive al militarismo.[78] De hecho, en 1902, el historiador, americanista y pedagogo Rafael Altamira, en su obra *Psicología del pueblo español*, interpretaba la derrota de 1898 como la pérdida de unos territorios "que simbolizaban la grandeza del pasado" y criticaba –en clara alusión a Cataluña, y en concreto a Antoni Rovira y Virgili– a *fuerzas disgregadoras internas*

---

77   COLOMINES (2005), p. 523-524.

78   RIQUER & UCELAY DA CAL (1994), p. 295-296.

(que) *no tenían otro objetivo que la despañolización, esto es, la negación de todos los órdenes del espíritu nacional español.*[79]

España retomaba la tradición militar, con el recuerdo relativamente reciente del general Pavía, y se ensayaron tristes experiencias represoras e intervencionistas como el asalto a la redacción de *Cu-cut*, en 1905, pero que a diferencia del siglo XIX, ahora ya no se proponían restablecer el orden constitucional, sino que se trataba de defender la nación contra los peligros de disgregación. El enemigo era interior: el separatismo. El ejército, a comienzos del siglo XX, había dejado de ser el defensor de la Constitución para erigirse en un conspirador contra el orden constitucional con el argumento de evitar "la disolución de la nación".

---

79 ALTAMIRA (1997).

8
La reafirmación identitaria cubana bajo la influencia norteamericana

EN CUBA, LA situación política después de 1898 cambia radicalmente. Desde un punto de vista comparativo nos encontramos ante tres realidades muy diferenciadas: una España profundamente abatida que se ha mostrado incapaz a lo largo del siglo XIX, como hemos visto, de construir un relato identitario; una Cataluña en transición, que de un modelo nacional de sustrato cultural ha pasado a una propuesta de nacionalismo político, con una serie de planteamientos mucho más radicales por parte de los catalanes que residían en Cuba;[80] y, finalmente, una Cuba que ha madurado, quieras que no, el sentimiento independentista, pero que busca referentes en su propia historia. Así, a inicios de siglo XX, y bajo el dominio norteamericano, la memoria colectiva cubana se sustentaba en el imaginario patriótico del independentismo.

Con la nueva coyuntura inaugurada a raíz del tratado de paz firmado en París el mismo año 1898, se iniciaba en Cuba un proceso, no especialmente favorable desde un punto de vista político, que convertía la Isla en una neocolonia de EEUU, o sea que el fin del colonialismo español no significaba el inicio de una vida independiente. La revolución cubana había liquidado el dominio español, pero en realidad Cuba no tomaba el poder. EEUU ocupaba militarmente el territorio nacional cubano y creaba una situación de confusión respecto a presente y futuro. El gobierno militar norteamericano mantuvo vigente la legislación española, aunque fue introduciendo progresivamente algunas modificaciones. Una de las primeras medidas fue desarmar a la población cubana y licenciar al ejército libertador cubano. La Revolución quedaba desarticulada.

Las intervenciones de EEUU en Cuba entre 1898-1902 y 1906-1909 provocaron una serie de tensiones y activaron ideologías de carácter

---

80 Véase: COSTA (2013a).

80 Véase: COSTA (2013a).

80 Véase: COSTA (2013a).

80 Véase: COSTA (2013a).

"nacional" que buscaban argumentos en el pasado histórico cubano con el objetivo de reforzar el sentimiento de una conciencia colectiva. En este proceso de repensar y definir la cultura los intelectuales encontraban en la historia compartida con España rasgos comunes, pero también otros diferenciadores respecto a la antigua metrópoli.

Pero, ¿cómo era la Cuba postcolonial española? Según un censo efectuado en 1899, la población total era de 1.572.797 habitantes –inferior a la de 1887–, de los cuales 1.400.262 habían nacido en Cuba. La ocupación profesional, según el mismo censo, estaba constituida por una mayoría dedicada al sector primario, la agricultura, pesca y minería, seguida de servicios domésticos y personales, y finalmente manufacturas e industrias mecánicas.[81]

La guerra había dejado un rastro desolador en Cuba, y en aquel contexto el sistema educativo, ya muy descuidado durante el período colonial, se encontraba, como no podía ser de otro modo, en un estado lamentable. Según el Censo Escolar de 1899, el 80% de la población cubana no sabía ni leer ni escribir, el 90% de los niños menores de 10 años no asistía a la escuela y el 57% de los cubanos mayores de 57 años eran analfabetos.[82] Los protagonistas de la guerra de la independencia recordaban la escuela a través de la memoria de sus maestros. No eran escuelas públicas, sino que eran "escuelas pagas" –se pagaba una cuota semanal de una peseta– y funcionaban en casas particulares, y a menudo acababa ejerciendo de "maestros" la propia familia, a fin de abaratar costes. La enseñanza privada no disponía de locales adecuados para el ejercicio docente, no se daban las condiciones materiales mínimas para que las escuelas funcionasen; la situación de la enseñanza secundaria resultaba aún más pésima y la Universidad requería profundas reformas: *la instrucción pública estaba en crisis en la Isla y el Gobierno de ocupación norteamericano encuentra una vía expedita para poner en marcha sus intenciones neocolonialistas a través de los cambios que necesariamente debían ponerse en ejecución en el ámbito educativo. Para los "ocupantes" del territorio isleño se abre un camino aparentemente "seguro", para que*

---

81 LÓPEZ & LOYOLA & SILVA (1998), p. 131.
82 *Gaceta de La Habana*, 31 de agosto de 1899.

El ferrocarril en Pinar del Río. Estudio Fotografía Otero y Colominas
(San Rafael, 32, La Habana)

Casa de La Habana. Estudio Fotografía Otero y Colominas (San Rafael, 32, La Habana)

las nuevas generaciones de cubanos admirasen y apoyaran la unión indisoluble entre ambos pueblos.[83]

La lucha por alcanzar una república realmente independiente y soberana se convirtió en uno de los grandes objetivos de un sector de la intelectualidad cubana, que reivindicaba la plena soberanía del pueblo cubano y el fin de la dominación norteamericana. La intervención de los EEUU y su constante intromisión en los asuntos internos de la Isla se correspondió con una notable activación del pensamiento patriótico y nacionalista cubano, que se proponía, a nivel teórico, recuperar el ideal de José Martí, que había quedado, como consecuencia de la ocupación de los americanos del norte, en una situación de claro letargo. La estrategia ineludible para culminar el proceso de liberación nacional, a criterio de los exponentes del pensamiento patriótico cubano, era trabajar por la unidad de las fuerzas revolucionarias. Salvador Cisneros Betancourt, político cubano que había sido presidente de la República de Cuba en Armas de 1873 a 1875, proclamaba en 1901: *Porque yo y muchos otros cubanos, creemos y estamos en la convicción de que el gobierno americano lo menos que piensa es cumplir la Joint Resolution, ni reconoce a Cuba su soberanía e independencia absoluta, sino que a todo trance trata de quedarse con ella, como parte integrante de la nación americana.*[84]

La República, nacida en 1902, estructuraba, de mano del gobierno norteamericano, un sistema de dominio neocolonial, a través de un aparato político-administrativo sustentado en unos mecanismos democrático-burgueses, articulados en un sistema de partidos políticos. En La Habana se constituían el Nacional Cubano, el Republicano de La Habana y la Unión Democrática, mientras que en Las Villas se fundaba el Republicano Federal. Algunas figuras de estos partidos provenían de antiguos sectores *mambises* y del antiguo Partido Autonomista. Lo cierto es que esta estructura política representaría los sectores oligárquicos y puso en práctica corruptelas y favoritismos. En

---

83 ALMODÓVAR MUÑOZ (1996), p. 468.

84 *La Discusión*, La Habana, 13 de abril de 1901. La Joint Resolution o Resolución Conjunta, proclamada por el gobierno norteamericano el 18 de abril de 1898, declaraba que "el pueblo de la Isla de Cuba es y de hecho tiene que ser libre e independiente. De igual modo se establecía que los EEUU no deseaban apoderarse de la Isla, sino pacificarla, para después dejar su "gobierno y dominio" al pueblo cubano.

el período de ocupación americana se nombró a antiguos reformistas, anexionistas, autonomistas e integristas para desarrollar importantes funciones gubernamentales. Se trataba de poner en práctica aspectos de la transición pactada.

El primer presidente de la nueva República cubana fue Tomás Estrada Palma, elegido e impuesto a Cuba por el gobierno de EEUU, y que desde un primer momento, con la constitución de su gobierno, confirmó su distanciamiento respecto a los ideales independentistas. Todos sus cargos de confianza provenían básicamente del autonomismo, no había ningún veterano de guerra, ni emigrado revolucionario, ni represaliado por haber defendido la independencia cubana. Estrada consideraba que los cubanos no estaban preparados para tener gobierno propio, por lo que era partidario de una ocupación indefinida de EEUU o incluso la anexión al gigante americano.

La estructura social estaba configurada por una clase media rural y urbana muy estratificada y, por lo tanto, de una constitución muy heterogénea, en la que los intelectuales tuvieron un papel fundamental en la preservación y desarrollo de la conciencia nacional, porque "también requerían del necesario proceso de comprensión del nuevo fenómeno que enfrentaba la nación, y de la maduración de sus soluciones".[85] La burguesía actuaba de acuerdo con sus intereses, mientras que los grupos oligárquicos, como hemos comentado con anterioridad, sustentaban su poder en el dominio de los partidos políticos recién creados. Hemos de remarcar, tal como afirma el historiador cubano José Cantón, que un papel destacado en la defensa del legado mambí, de las riquezas del país y de la soberanía nacional, correspondía al movimiento obrero.[86]

El país se iba conformando desde la controversia política y las respuestas sociales, como consecuencia de unas prácticas poco edificantes, con reelecciones fraudulentas y corrupción política. Existía la necesidad de un reordenamiento de las fuerzas nacionales, ya que el pensamiento patriótico cubano estaba presente, pero era preciso interpretar la nueva situación, asumirla y elaborar los proyectos nacionales pertinentes. Entre las personas que provenían de las antiguas corrientes independentistas se reclamaba la plena soberanía y

---

85 López & Loyola & Silva (1998), p. 149.
86 Cantón (1996), p. 84.

Tomás Estrada Palma (1835-1908)

se reivindicaba el Manifiesto de Montecristi, es decir, el documento oficial del Partido Revolucionario Cubano (PRC), donde se exponían las ideas en que se había basado José Martí para organizar la guerra de independencia cubana de 1895. Fue firmado por José Martí y Máximo Gómez el 25 de marzo de 1895 en la zona de Montecristi en República Dominicana. En este documento se explicitaban de manera clara las causas por las cuales el pueblo cubano se lanzaba a la lucha. Aclaraban, y eso debemos retenerlo especialmente, que la guerra de liberación no era contra el pueblo español, sino contra el régimen colonial español que existía en la isla desde hacía más de tres siglos. Es cierto que se planteaba el tema de la nación desde ópticas diferentes e, incluso, había sectores que expresaban su agradecimiento a EEUU por haberles facilitado la independencia sin tener en cuenta que la presencia norteamericana podía representar un evidente riesgo para el desarrollo nacional cubano, sobre todo si consideramos que en general la influencia estadounidense sobre el mundo se ha orientado hacia un dominio cultural, económico y militar más que hacia una ocupación territorial al estilo imperial clásico.[87]

Pero resulta incuestionable que el propósito de la *intelligentsia* cubana era el de construir una conciencia comunitaria en el conjunto social y, en consecuencia, la Historia y su enseñanza se convertía en elemento clave en el proyecto nacionalista. La formulación ideológica del ciudadano era una tarea asumida por la figura del maestro, que se encargaba de divulgar una Historia sustentada en unos valores que tenían que ser asumidos en el proceso de enseñanza. Así y todo, en los primeros años de intervención americana, la "conciencia nacional" cubana se encontraba aún, a nivel teórico, en una situación de relativo letargo, dado que su historia nacional reciente se había construido a través de las armas. Recordemos como muestra que justo al inicio de la guerra se producía una baja de gran relieve y dimensión política: José Martí moría el 19 de mayo de 1895. Con la muerte del ideólogo del Partido Revolucionario Cubano (PRC), los independentistas se veían privados de su principal director y de un pensador que había sido capaz de articular una sólida propuesta política, si bien la historiografía cubana destaca el hecho que en el frente de guerra la importancia de los ideólogos es relativa: (Martí) *es el Apóstol, el que muere para dar la vida a otros. Es el predicador de credibilidad necesaria (…) Es el hombre capaz de crear imágenes heroicas y gloriosas tradiciones, de cautivar a todos con su discurso. Pero en la manigua la inteligencia es un atributo raramente apreciado.*[88]

La progresiva entrada en la modernidad económica, con un incipiente proceso de industrialización, afectaría de modo muy positivo a la evolución de la sociedad cubana. Asistimos a la introducción de nuevas formas de vivir, de sentir y de representar, así como a la aparición de nuevas mentalidades. Es la época de las concentraciones urbanas, de la mecanización, de los nuevos transportes y de la promoción generalizada del consumo, del desarrollo de la sociedad civil, del aumento del nivel cultural. Los avances tecnológicos aplicados al mundo de la prensa también son muy importantes: modernización de

---

87 ÁLVAREZ JUNCO (2016), p. 118. En el caso que nos ocupa, Guantánamo sería una significativa excepción.

88 LEÓN ROSABAL (1997), p. 49-50.

la imprenta, introducción del teléfono y el telégrafo –indispensables en el proceso de emisión de noticias–. El científico social Karl Deutsch, natural de Praga, planteó en los años cincuenta del siglo XX, una teoría que vinculaba el ascenso del sentimiento nacionalista al surgimiento de los nuevos procesos de comunicación social potenciados por una modernización –tecnificación– que rompía con las estructuras clásicas de las comunidades tradicionales. Los medios de comunicación de masas, desde sus inicios, actuaban como medios de difusión de ideas, transitando por las vidas de los ciudadanos, deviniendo persuasión constante y prefigurando el modo de pensar y entender el mundo, y que tenían en el ámbito de la sociedad el efecto de la llovizna, calando en sus receptores, de modo imperceptible pero eficaz, toda suerte de ideas, actitudes y comportamientos pasivos que iban generando un sentimiento de comunidad. Desde ese punto de vista, Deutsch definía la nación como un grupo humano "de hábitos complementarios", que experimentó, aparte de los efectos de las redes comunicativas, una profunda transformación en sus vidas y relaciones, propiciadas por los procesos de industrialización y urbanización, así como por el aumento de la alfabetización y la división del trabajo.[89]

De hecho, también Benedict Anderson vinculó el sentimiento comunitario a la revolución técnica de los medios de comunicación. Los avanzados mecanismos de impresión permitieron la difusión de textos con ideas que fomentaron la identificación colectiva con determinados personajes, episodios –imaginarios o reales– y libros de historia, utilizados a menudo per el poder para legitimar su autoridad.

---

[89] Deutsch (1954).

9
Estrategias de concienciación nacional
a través de la escuela

LA LENTA TAREA de despertar el espíritu nacional contaría con un instrumento de primer orden, tanto o más potente que los medios de comunicación de la época: la escuela pública, que de manera obstinada procuraba inculcar los valores patrióticos a los niños. La nueva República de Cuba se proponía construir, reforzar y consolidar el sentimiento de cubanidad. Ciertamente, en este estadio podría plantearse hasta qué punto la identidad nacional era un sentimiento natural al que no le hacía falta ninguna intervención complementaria desde la educación. Sin duda, existen estrategias nacionalizadoras construidas desde el aparato estatal, como la escuela –o el ejército.[90] Pero, ¿qué perfil tenían estos maestros que iban a desarrollar una función tan trascendente?

Según el censo de 1899 en Cuba había 2.708 maestros.[91] Una cifra que en pocos meses se incrementaba a 3.613 docentes. Es preciso magnificar estos datos, sobre todo si nos atenemos al hecho que durante la época colonial existió un remarcable déficit escolar, aumentado por medidas tan represivas como las del capitán general Valeriano Weyler, que decretó en 1897 el cierre de las escuelas en Cuba, excepto en las capitales provinciales y en las poblaciones donde hubiera un destacamento militar español. Tras la guerra de 1898 los gobernantes norteamericanos procuraron paliar dicha situación y abrieron un período que tenía que concluir el 31 de agosto de 1900, en el que cualquier persona que fuese considerada con la cultura, educación y carácter necesarios podía incorporarse a las escuelas públicas para ejercer la docencia. Naturalmente, dicha medida hizo que junto a los maestros vocacionales se apuntasen personas necesitadas de trabajo. Como era de esperar, muchos de los nuevos maestros no tenían ni unos mínimos conocimientos pedagógicos.

---

90 NÚÑEZ (2007), p. 87.
91 SANGER (1900), p. 472.

Valeriano Weyler (*La Ilustración Española*
y Americana, 30 de enero de 1896)

A pesar de todo, comenzaron a establecerse los cimientos para la
creación de la escuela cubana durante la primera ocupación militar.
A principios de 1899 se fundaba la Asociación de Maestros, Maestras
y Amantes de la Niñez Cubana, constituida por personalidades provenientes de las guerras de independencia y por antiguos pedagogos
cubanos, defensores todos ellos, en la época colonial, de una escuela
cubana moderna. La vida de la Asociación fue efímera, pero uno de
sus miembros, el pedagogo Alejandro María López, creó la Institución
de Libre Enseñanza, centro de carácter gratuito y mixto que formaba
a los maestros cubanos, con un espíritu moderno y transformador,
similar al que inspiró a Francisco Giner de los Ríos y su Institución,
creada en Madrid en 1876.

En la época inicial, y bajo la dominación norteamericana, el
máximo responsable de las Escuelas de Cuba era el norteamericano
Alexis E. Frye, al que, en su condición de Superintendente, se le
asignó la tarea de elaborar los planes y programas de estudios, otor-
gándole también la potestad de controlar el sistema de evaluaciones
y la orientación de la enseñanza –los textos que tenían que utilizar
los maestros–. Con la intención de llenar el vacío generado por la
escasez de textos escolares, el gobierno se dedicó a traducir libros
redactados por educadores norteamericanos. Pese a todo ello, hemos de destacar la pericia educativa de Frye, que instó a las nuevas
generaciones de cubanos a seguir una norma de trabajo basada en
la libertad de criterio de los maestros, pero con el objetivo de establecer nuevos cánones que facilitasen la enseñanza a los alumnos,

jubilando antiguos y obsoletos sistemas educativos fundamentados en procedimientos memorísticos, y potenciando, en el proceso de aprendizaje, la reflexión y la capacidad de razonamiento.

Alexis E. Frye organizó unas Escuelas Normales de Verano para maestros cubanos neófitos, con la posibilidad de estadías en Harvard. Estas disposiciones podríamos interpretarlas como una estrategia para "americanizar" la escuela cubana, sobre todo si tenemos en cuenta que en sus planes docentes se insistía mucho en la Historia de los EEUU: *ante una realidad extremadamente compleja como la cubana a inicios de siglo, más que abarrotar en tan poco tiempo a los maestros de la historia de Estados Unidos, lo ideal hubiera sido enfatizar en las experiencias del complejo mundo de la pedagogía, aun cuando el referente principal fuese el del país sede, de hecho, uno de los más avanzados en la organización de la escuela pública en el mundo".[92]

Desde luego, a nivel mundial la renovación pedagógica propugnaba la autogestión de los maestros, colectivo que promovía su formación personal. Recordemos que en Cataluña los maestros, una vez acabados sus estudios en la Escuela Normal, seguían su formación con la organización de las "Conversaciones pedagógicas".

Sin embargo, la experiencia norteamericana de formar maestros cubanos, actuó en un sentido que podríamos considerar contrario a su aparente previsibilidad. La estrategia americana de sublimar su patriotismo entre los maestros cubanos, tanto desde la propia Historia como a través de visitas a los lugares emblemáticos de las luchas independentistas de las excolonias inglesas, despertó el patriotismo cubano, como bien explicita el maestro de Cuba Ramiro Guerra, que definió aquellas excursiones, en las que descubrieron lugares y monumentos conmemorativos, como algo interesante e innovador para futuras iniciativas cubanas. Asimismo *expresaron allí su esperanza de erigir muy pronto en Cuba un monumento análogo para conmemorar a sus heroicos compatriotas muertos en la guerra contra España y también otro a la memoria de las víctimas del Maine, Santiago y demás poblaciones donde combatieron americanos a su lado.*[93] Los maestros que estudiaron en Harvard adquirieron una visión más amplia de los avances en pedagogía en uno de los lugares más avanzados y

---

92 Cordoví (2012), p. 22.

93 *La Escuela de verano para los maestros cubanos* (1900), p. 38.

desarrollados para la época. Una formación que luego aplicarían en el sistema educativo cubano aunque, insistimos, sin menoscabo de su sentimiento de pertenencia a la Isla: *su estancia en el Norte no les hace mella, como se espera, por su espíritu de cubanía. Esto no menoscababa su profundo respeto hacia los valores patrios. Escapa a la astucia yanqui como ese magisterio fundador se encontraba compuesto por ciudadanos quienes acababan de dar cívicamente un paso al frente ante la imperiosa necesidad de cubrir las numerosas aulas de primaria las cuales creaban a toda prisa en Cuba.*[94]

Resulta evidente, pues, que los maestros cubanos que se estaban formando en Harvard convivían con una sociedad que les despertaba sentimientos, en ocasiones, contradictorios. Deseaban, como expresa el maestro de Cienfuegos Pedro Aragonés: "para su querida Patria una República Libre, soberana e independiente, como lo es la de los Estados Unidos de América", o bien interpretaban que el discurso nacido de la revolución de la independencia norteamericana, que representaba a los EEUU como cuna de la libertad y la democracia, había derivado hacia unas "latentes apetencias imperialistas, percibidas como una amenaza para la independencia de Cuba".[95]

En Cuba se producían situaciones singulares, protagonizadas por individuos peculiares, como es el caso de Desiderio Fajardo Ortiz, de Santiago de Cuba, fundador del periódico *Ciencias y Letras*, que en tiempos de la guerra contra los españoles se había dedicado a enseñar a los hijos de los combatientes cubanos y que en 1901 creaba el Centro de Instrucción de Santiago y la Academia Nocturna en el Club Maceo, donde se reunían para disertar destacadas figuras del independentismo de Santiago.[96]

La prensa tuvo un papel destacado en la formación de la conciencia nacional cubana, por sus estrechos vínculos con el mundo de la pedagogía. La mayor parte de maestros cubanos encontraban en la prensa especializada el marco perfecto donde desarrollar su impagable función docente y de formación de los valores cívicos y patrióticos. El mismo año 1900 se fundaba la importante *Revis-*

---

94 PENABAD (1996), p. 30.

95 IGLESIAS (2003). Esta autora ha consultado el Libro de autógrafos de los maestros cubanos en Harvard, Archivo de la Universidad de Harvard, HUE, 83.110.lle (Autographs and Testimonials of Students, Manuscripts).

96 BACARDÍ (1924), p. 270.

Maestros cubanos en el Crook. Año 1900. El objetivo del programa, además de proveer a los maestros de conocimientos y cultura, se proponía estrechar lazos entre Cuba y EEUU (Harvard University Archives)

Maestras cubanas a bordo del Sedgwick, en ruta hacia EEUU para asistir al curso de verano en Harvard. En el centro, con sombrero de plumas, Maria de Jesús Hernández Alfonso (Harvard University Archives)

ta Pedagógica Cubana, editada por la mencionada Asociación de Maestros, Maestras y Amantes de la Niñez Cubana. También en los primeros años del siglo XX vieron la luz una serie de publicaciones de vida efímera, como puedan ser *El Escolar,* en Holguín, o la *Revista Escolar,* en Guanabacoa, y las más notables *Cuba Pedagógica* y la *Revista de Educación,* esta última fundada en 1911 por el pedagogo Alfredo Miguel Aguayo. La prensa se erigía, así, como instrumento complementario de la propia escuela, cuando no, a veces, en elemento sustitutorio. Así, como escribe Yoel Cordoví, la prensa contribuía a *fusionar voluntades, a crear conciencia de la importancia de la obra educacional frente a las adversidades económicas, sociales y políticas del período y, sobre todo, a defender la escuela cubana, sus valores éticos, legado del pensamiento emancipador cubano y particularmente las luchas por la independencia.*[97] De hecho, el inspector de las Escuelas, Carlos Martí, animaba a los docentes a "salvaguardar los ideales de "hombre", "patria" y "progreso" con la formación patriótica y cívica del ciudadano de la República".[98]

La creación de una nueva escuela cubana exigía la búsqueda de unos precedentes que orientasen y legitimasen la voluntad transformadora para la construcción de esa nueva escuela. A veces se recuperaban nombres tan ilustres como el de José de la Luz y Caballero, que a mediados de siglo XIX había planteado la necesidad de que las familias se implicaran en la educación de los niños. Asociar familia a escuela fue un paso importante en la tarea de concienciación de un renovado sentimiento de pertenencia a la comunidad. Era preciso exhumar o identificar personajes, efemérides y toda clase de símbolos que pudiesen contribuir a la formación de una identidad sólida. Se trataba de una estrategia aplicada a todos los niveles a través de las escuelas, tanto de municipios grandes como pequeños, como pueda ser el caso de Veguita, en Oriente, en donde el profesor y fundador de la escuela, Rogelio González, se empleaba en poner en práctica los mencionados recursos, tal como refirió la revista *Cuba Pedagógica:* *La escuela rinde culto a la patria: las fiestas escolares organizadas por el Sr. González en conmemoración de fechas históricas nacionales: "A mi bandera", "Himno patriótico", "Diez de octubre", "Veinticuatro*

---

97 CORDOVÍ (2012), p. 49-50.

98 CARLOS MARTÍ: "La educación del carácter", en *Cuba Pedagógica,* La Habana, 28 de febrero de 1906. (s/p).

*de febrero", "Veinte de mayo", "Vals Calisténico", "Educación Física",
"Obras de Dios", etc. son títulos de hermosos himnos, marchas escolares
que ha compuesto el Sr. González. Los viernes se efectúa la ceremonia
de saludo de la bandera nacional conmovedora y edificante. Un niño,
con la enseña de la patria, desplegada, ocupa la tribuna frente a sus
compañeros, mientras que éstos en posición reverente, entonan el
Himno Nacional...*[99]

La relación de las familias con la escuela se hacía patente en la
celebración de las efemérides patrióticas. En los actos participaba la
comunidad educativa junto a los padres de los alumnos.

La tarea cívico-patriótica de la escuela, con una definición inequívoca a favor de las luchas para la liberación nacional, encontró
su reflejo en la literatura menor de la época: informes, discursos y
textos periodísticos exaltaban esa función del magisterio cubano.
El profesor de la Escuela de Pedagogía de la Universidad y vocal
del Consejo Escolar de La Habana, Ramón Meza, manifestaba, tras
el restablecimiento de la República: *Hay que tener presente que el
problema magno, vital, patriótico, de nuestra conservación como nacionalidad, podrá ser, no lo negamos, político, económico, social, pero
ante todo y sobre todo (está) el problema de la educación, que contiene
esencialmente todos los demás.*[100]

La nueva etapa republicana se iniciaba con una notable voluntad de
concienciación ideológica, teniendo en la escuela una de sus principales
herramientas, ya que había tenido la precaución de inculcar a los niños
los valores del independentismo. Sin duda alguna, y ya se ha explicado
con anterioridad, la cultura se había erigido en uno de los instrumentos
más destacados del independentismo. La Universidad de La Habana,
multitud de colegios con profesores cubanos, la Sociedad Económica
de Amigos del País, la Academia de Ciencias, el Ateneo, entre muchas
otras, eran instituciones controladas por cubanos, por lo que habían
ejercido como focos de protesta contra los españoles.[101] En un contex-

---

99 "Una escuela oriental", en *Cuba Pedagógica*, La Habana, 10 de agosto de 1909,
    p. 222-223.

100 MEZA (1908), p. 5.

101 Cabe remarcar que la evolución estratégica de la intelectualidad nacionalista
     cubana pasó desde el establecimiento de una estructura cultural, con la creación
     de organizaciones como la Academia Cubana de Literatura o las tertulias de
     Domingo del Monte, que actuaban como contrapeso de las instituciones oficiales

Maestros de Santa Clara y Puerto Príncipe dispuestos asistir a los cursos en la Universidad de Harvard. 1900 (Harvard University Archives)

to tal, cobra nuevo relieve la sonada ejecución de los estudiantes de medicina, en noviembre de 1872, a instancias de un consejo de guerra promovido por los voluntarios del comercio y presidido por el catalán Josep Gener Batet, gran propietario tabaquero, bajo la acusación de haber profanado la tumba del asturiano Gonzalo Castañón, director de *La Voz de Cuba*, que había muerto el año anterior en un enfrentamiento contra elementos separatistas. Cabe destacar, también, que los malogrados estudiantes habían sido defendidos por otro catalán, el abogado Frederic Capdevila, que después de aquellos desgraciados acontecimientos regresó a España; posteriormente regresaría a Cuba, donde sería encarcelado en dos ocasiones: la primera, acusado de debilidad en la represión de las muestras de antiespañolismo, y la segunda –en tiempos del general Weyler– acusado de conspiración.[102]

(Universidad de La Habana, Sociedad Económica de Amigos del País), hasta el intento de controlar este tipo de instituciones.

102 En algunas notas biográficas se indica que su origen era valenciano. Véase: C. Vinyoles, P. Lanao, M. Torns (1998), p. 104. Sus actitudes a favor del nacionalismo cubano y catalán hizo que tras su muerte, acaecida en 1898, el Catalunya Grop Nacionalista Radical le erigiese un monumento en Santiago de Cuba.

Después de 1898 se constituía en Cuba un verdadero imaginario nacionalista, en el que la arquitectura urbana y el nomenclátor de las calles ejercían de aglutinantes patrióticos. Se desvelaba una incipiente memoria histórica y la gente comenzaba a preocuparse por los restos de quienes habían muerto en combate en la lucha contra los españoles. Por supuesto, los niños de las escuelas públicas –y también privadas– participaron plenamente de toda esa liturgia nacionalista. La prensa, por su parte, actuaba de correa de transmisión de los sentimientos patrióticos, aprovechando toda ocasión para recoger en sus páginas los actos de homenaje a los héroes y mártires nacionales, haciendo uso de una literatura abarrotada de recursos épicos, como podemos comprobar en la crónica del acto de recepción de restos de antiguos combatientes en la población de Morón, en una jornada en la que la intensa lluvia dota a la escena de un ambiente de gran patetismo: "Las niñas y señoritas se negaron a aceptar los paraguas que se le ofrecían, pues decían que de esa suerte demostraban más y más sus sentimientos por la muerte de los que sucumbieron por darnos una patria libre y feliz".[103] En el municipio de Güines, en La Habana, se procedía, el 31 de mayo de 1901, a la inhumación de los cadáveres de los mártires. Al acto asistieron, según explica la revista *La Escuela Moderna* en su número del 15 de abril, los representantes de las escuelas públicas.

En este contexto de afirmación nacional y de construcción de un potente imaginario patriótico, emergía con fuerza la figura de Bonifacio Byrne, un poeta natural de Matanzas que se convertiría en un símbolo de cubanidad. En 1890, y con apenas 30 años, fundaba los periódicos *La Mañana* y *La Juventud Liberal*. Seis años más tarde, y con ocasión de publicar unos sonetos en recuerdo del también matancero Domingo Mejía, fusilado por sus ideas políticas, se ve obligado a refugiarse en los Estados Unidos. Durante su exilio, en Tampa, se dedica a labores separatistas y funda el "Club Revolucionario". Trabaja como lector de tabaquerías y colabora en los periódicos "Patria", "El Porvenir" y en "El Expedicionario". De su poesía patriótica cabe destacar la publicación en 1897 en Filadelfia del poemario "Efigies" que contiene sonetos patrióticos. Regresó a Cuba en 1899. Durante el período republicano fue secretario del Gobierno Provincial de Matanzas y de la Super-intendencia Provincial de Escuclas. En 1909 fundó el periódico *El Yucayo*. Colaboró en *La Primavera, El Ateneo, Diario de Matanzas, El*

103 *Patria y Libertad*, Camagüey, 20 de marzo de 1900.

Fígaro y en *La Discusión*. Sin duda, su poesía más conocida, y que le ha encumbrado en la cima del imaginario patriótico cubano fue "Mi Bandera", cuya inspiración creativa le llegó a Byrne al regresar de su exilio, una vez concluida la guerra hispano americana, y donde pone de manifiesto su angustia frente a la incertidumbre del futuro nacional amenazado por una bandera extranjera –la de EEUU– que Byrne pudo ver desde el barco en que entraba en la bahía de La Habana, izada en la fortaleza del Morro junto a la bandera cubana. "Mi Bandera" fue publicada por primera vez el día 5 de mayo de 1899. Su letra expresa una profunda lírica patriótica:

Al volver de distante ribera,
con el alma enlutada y sombría,
afanoso busqué mi bandera
¡y otra he visto además de la mía!
¿Dónde está mi bandera cubana,
la bandera más bella que existe?
¡Desde el buque la vi esta mañana,
y no he visto una cosa más triste...!
Con la fe de las almas austeras,
hoy sostengo con honda energía,
que no deben flotar dos banderas
donde basta con una: ¡la mía!
En los campos que hoy son un osario
vio a los bravos batiéndose juntos,
y ella ha sido el honroso sudario
de los pobres guerreros difuntos.
Orgullosa lució en la pelea,
sin pueril y romántico alarde;
¡al cubano que en ella no crea
se le debe azotar por cobarde!
En el fondo de obscuras prisiones
no escuchó ni la queja más leve,

y sus huellas en otras regiones
son letreros de luz en la nieve...
¿No la veis? Mi bandera es aquella
que no ha sido jamás mercenaria,
y en la cual resplandece una estrella,
con más luz cuanto más solitaria.
Del destierro en el alma la traje
entre tantos recuerdos dispersos,
y he sabido rendirle homenaje
al hacerla flotar en mis versos.
Aunque lánguida y triste tremola,
mi ambición es que el Sol, con su lumbre,
la ilumine a ella sola, ¡a ella sola!
en el llano, en el mar y en la cumbre.
Si deshecha en menudos pedazos
llega a ser mi bandera algún día...
¡nuestros muertos alzando los brazos
la sabrán defender todavía!...

Bonifacio Byrne

El biógrafo de Bonifacio Byrne, Urbano Martínez Carmenate, escribía: *después de 1902, Bonifacio Byrne —quizás sin proponérselo, sin pretenderlo— va convirtiéndose en una especie de cronista patrió- tico. Se le invita a todos los festejos de evocación histórica, le canta a los héroes y a los sucesos relevantes en consonancia con las efemérides gloriosas. Prodigar sus versos en esas ocasiones fue haciéndose deber, comprometimiento inevitable; y él regalaba sus estrofas casi siempre con la premura y depreciación que conlleva el arte por encargo, a veces ausente de valores poéticos y solo plausible por la carga optimista, de reverencia al heroísmo invicto del pasado nacional.*

Así pues, Byrne se constituía en una pieza fundamental para la difusión de un concurrido mar de símbolos patrióticos, donde, insistimos, la escuela jugaba un papel fundamental.

La función de la escuela en favor del proceso de concienciación no había provocado ni controversias ni oposiciones: predominó una unidad de criterio más allá de los primeros intentos de americanización. De todos modos, sí que habría que analizar de qué modo se estableció la convivencia entre la escuela laica y la religiosa, sobre todo si tenemos en cuenta el hecho de que, tal como recuerdan los pedagogos cubanos, el laicismo había sido una conquista de la revolución, confirmada por la Constitución de 1901. Un punto de vista que será compartido por pedagogos catalanes de la talla de Silvestre Santaló, que manifestaba, en referencia a la escuela estatal: *es la única esencialmente patriótica, la única que no obedece más que a las reglas dictadas por el estado, la única donde, por su peculiar funcionamiento, se forja el ciudadano tolerante y fuerte, que caracteriza al hombre verdaderamente culto.*[104] Órganos periodísticos afines a España, algunos de ellos muy significados en el período colonial por su recalcitrante españolismo, lanzaron desde sus páginas críticas al sistema de enseñanza laico. En dicho sentido, el *Diario de Marina* de La Habana, o *La Correspondencia,* desde Cienfuegos, criticaban los contenidos docentes de la escuela laica, pese a tener que expresarse con cierta prudencia para evitar el enfrentamiento con el gobierno y, a veces, con la propia ciudadanía cubana, ya que eso podía acarrearle una pérdida de lectores y, en el peor de los casos, el cierre del periódico. La estrategia usada por los periódicos españolistas y defensores de un catolicismo retrógrado queda definida por el coetáneo Manuel Fernández Valdés: *La sutileza solía ser una mayor arma, capaz de penetrar finalmente en los vericuetos de la política, tantear las debilidades del oponente y entronizar el mensaje deseado. Así, enfrentar el destierro de la religión católica en los planteamientos públicos y su trascendencia en la reconocida crisis nacional era una manera de validar el pilar ideológico del colonialismo y, al mismo tiempo, de desacreditar a la escuela considerada por muchos pedagogos como "hija legítima de la revolución redentora".*[105]

El cultivo de un españolismo rancio e inefectivo, vorazmente alimentado en las guerras coloniales del siglo XIX, no encajaba en el nuevo orden político establecido en la Isla de Cuba, y la contradicción de los dos nacionalismos, el español y el cubano, se trasladaba a los contenidos docentes de ambas escuelas, la religiosa española y la laica cubana, que no lograban conciliar sus respectivos posicionamientos pedagógicos. Circunstancia lógica, constatada por Julio Villoldo: *Pretender que los catalanes, navarros, castellanos, vascuences, en una palabra los españoles que integran las órdenes religiosas que siguen las doctrinas y enseñanzas de José de Calasanz y de Ignacio de Loyola (…) hablen a la juventud cubana de las gloriosas epopeyas de 1868 y de 1895, de sus*

---

104 Citado por MARQUÈS (2002), p. 15.
105 FERNÁNDEZ VALDÉS (1906), p. 110.

Interior de una aula de una Escuela en Matanzas. 1912

héroes y mártires, de la necesidad de fortalecer el sentimiento patrio (…)
y de la necesidad en que estamos de construir una nacionalidad potente
y vigorosa, es vivir fuera de la realidad de la vida.[106]

En este sentido, el inspector provincial de las escuelas primarias, Ismael Clarck, publicó una serie de artículos, en 1915, en el *Heraldo de Cuba,* donde criticaba la enseñanza en las escuelas privadas, poniendo especial énfasis en las escuelas religiosas españolas. Se creaba un contexto hostil a dicho tipo de magisterio, intensificándose a su vez las voces favorables a la escuela cubana: "Es necesario y urgente cubanizar la escuela; es necesario que no se siga destruyendo la conciencia nacional".[107]

El periodista cubano Arturo R. de Carricarte denunciaba los peligros del clericalismo y, sobre todo, del magisterio que ejercían: "Su fuerza mayor no son las congregaciones, los conventos, su arma terrible, porque es suave, porque es oculta (…) es la escuela".[108] La

---

106 Villoldo Bertrán (1914), p. 7.

107 Bartolomé Vilches: "De Cienfuegos", en *Cuba Contemporánea*", tomo XIX, n° 3, 20 de julio de 1915, p. 4.

108 Arturo R. de Carricarte: "Religión y escuela", en *Cuba Contemporánea,* tomo XIX, n° 3, 25 de julio de 1915, p. 6.

beligerancia de la Iglesia en favor de unos postulados arcaicos y de un inmovilismo que preservase sus intereses era de sobra conocida en la metrópoli, donde sustentaba su ideología en unos principios retrógrados, esencialistas, castellanizantes y antimodernos, mientras que en Cataluña, por contra, buena parte de la Iglesia jugó un papel relevante en lo que respecta al nacionalismo catalán, dado que contribuyó activamente al mantenimiento de la lengua catalana –elemento determinante en la construcción del catalanismo– vehiculándola a través de la enseñanza y la edición de catecismos en catalán, circunstancia que provocó el enfrentamiento con el gobierno español, que acabó dictando en 1902 órdenes taxativas en el sentido que: *Los maestros y maestras de instrucción primaria que enseñasen a sus discípulos la doctrina cristiana u otra cualquiera materia en un idioma o dialecto que no sea la lengua castellana serán castigados por primera vez con amonestación por parte del Inspector provincial de primera enseñanza, quién dará cuenta del hecho al ministro del ramo; y si reincidiesen, después de haber sufrido una amonestación, serán separados del magisterio oficial, perdiendo cuantos derechos les reconoce la ley.* La respuesta de las autoridades eclesiásticas catalanas fue inequívoca: la responsabilidad de la enseñanza del catecismo era de los obispos, y ellos tenían muy claro que había de darse en la lengua del pueblo.[109]

En 1915 se creaba en Cuba la Fundación Luz y Caballero, en honor al insigne intelectual cubano, y desde donde se establecían unas bases para que el Estado cubano regulase la enseñanza privada, con el objeto de que desde dichos centros docentes se impartiesen, además, contenidos patrióticos y cívicos. Un miembro destacado de la Fundación fue Fernando Ortiz, que defendía que en los centros docentes, tanto públicos como privados, materias tan sensibles como la Historia de Cuba o la Instrucción Moral y Cívica fuesen impartidas por profesorado nacido en Cuba. Asimismo, se prohibía la enseñanza de cualquier historia que no fuese la autóctona o la universal. El pedagogo Arturo Montori insistía en la importancia de que la enseñanza primaria difundiese las gestas de los héroes anticolonialistas y que la Historia era el mejor recurso pedagógico para formar las conciencias patrióticas: "El antinacionalismo pedagógico debe ser perseguido sin contemplaciones de ningún género".[110]

---

109 Marquès (2002), p. 22-23.
110 Montori (1920), p. 28.

10
La enseñanza de la Historia como arma

LOS ESTADOS-NACIÓN DE los siglos XIX y XX sustentaron su "nacionalismo" desde el ámbito docente "inculcando en la escuela la historia "oficial", y reforzándolo además con toda serie de ceremoniales civiles, y con la pedagogía patriótica de las conmemoraciones, los monumentos y los nombres asignados a los espacios ciudadanos".[111]

Nos encontramos, pues, con una característica común a la mayoría de países: la reelaboración de la cultura desde ópticas nacionales. La creación de Historias (con mayúscula) nacionales sería la prueba inequívoca de dicha aseveración. De hecho, en toda Europa se producirá un fenómeno similar: el redactado de historias generales, narradas en copiosos volúmenes; la historia de la nación en cuestión tomada desde sus orígenes, fijando –¡cómo no!– su existencia desde tiempos inmemoriales... Obras que se convertían en referencias de autoridad para argumentar las correspondientes identidades nacionales.

En el segundo cuarto del siglo XIX, en Cataluña se esforzaban en la recuperación de su historia: Fèlix Torres Amat, Albert Pujol y Pròsper de Bofarull se afanaban en preparar la edición de la *Crónica Universal del Principado de Cataluña*, escrita en el siglo XVII por Jeroni Pujades, y que sería publicada en ocho volúmenes entre 1829 y 1832. La obra estaba muy bien documentada, pero con el inconveniente de tratarse de un texto que había sido redactado en el siglo XVII y cuya narración histórica se interrumpía en el siglo XII. Considerar a la *Crónica* de Pujades como un instrumento de persuasión e enraizamiento del sentimiento catalán es, como mínimo, discutible, ni siquiera especulando sobre la catalanidad de sus suscriptores. En este sentido, Joan-Lluís Marfany en la defensa de sus tesis acerca de la participación catalana en la construcción de la idea de España afirma que no tiene ningún sentido ver en el libro: *la primera temptativa de posar a l'abast dels lectors una historia de Catalunya, ni en els*

---

111 FONTANA (2005), p. 17.

Escuelas Pías de Guanabacoa, siglo XIX. "Guagua al servicio de los alumnos". Las Escuelas Pías de Guanabacoa se inauguraron el 19 de noviembre de 1857 (foto cedida por E. Álvarez)

suscriptors uns pioners en la voluntat de recuperar-la, aquesta història. Al contrari, tant per la naturalesa del text publicat com per la recepció que fonamentalment sembla que va tenir, ens trobem davant del que és encara essencialment una mostra d'antiquarisme provincial (…) és de regionalisme que es tracta, que l'exaltació de la catalanitat se subordina totalment a la pertinença inqüestionada a la comuna nació espanyola, és una evidencia que ni es presta a debat.[112]

En el año 1836 veían la luz, bajo el impulso de Torres Amat las *Memorias para ayudar a formar un diccionario crítico de los escritores catalanes* y *Los condes de Barcelona vindicados*, de Bofarull. Esta última obra representaba una experiencia pionera dentro del proyecto romántico de difusión de la historia de Cataluña, aunque, como escribe Fontana, su aportación a la historiografía catalana fue más bien escasa, ya no sólo por su carácter conservador, sino porque "era difícil encontrar en ella una sola idea, ya fuera avanzada

---

[112] MARFANY (2016), p. 561 y 565

Portada del libro *Manual de Historia de Cuba* de Ramiro Guerra (edición del año 1971)

o retrógrada".[113] Retomando la tesis de Marfany, ambas obras –la de Torres Amat y la de Bofarull– se han de interpretar en el contexto de la literatura y la historia española: *Igual com era vindicat el dret dels comtes de Barcelona de figurar dins l'arbre genealògic ideal de la monarquia española, igual com els records i les belleses de Catalunya eren records i belleses d'Espanya, la literatura catalana antiga era, a les* Memòries *de Torres Amat, per exemple, una part integral de la "literatura nacional".*[114]

A partir de ese momento, y gracias también a la ingente tarea de Pau Piferrer, empezó a proyectarse con arrobo la imagen de una Cataluña entusiasmada con la recuperación de su historia medieval, lo cual daba carta de naturaleza a una incipiente conciencia de pertenencia a una tierra que, en aquellos momentos, era considerada simplemente patria propia. En este contexto, algunos historiadores consideran como manifestación específica del catalanismo a los años treinta y otros se inclinan por unos años más tarde.

El caso de la *Historia General de España*, de Modesto Lafuente, es harto representativo de cómo los esfuerzos para conseguir hacer realidad una tradición nacional española provenían, también, de los ambientes intelectuales. Se publicó entre los años 1850 a 1867, en seis tomos repartidos en treinta volúmenes. La obra fue producto de la lectura que hizo Lafuente de la *Histoire d'Espagne* (París, 1839) de Charles Romey en nueve tomos, dado que consideró inconcebible que no existiese una obra de conjunto sobre la historia de España (habría que remontarse hasta inicios de siglo XVII para rescatar la obra de Juan de Mariana). La Historia de Modesto Lafuente está considerada una obra paradigmática de la historia liberal española del ochocientos, ya que se la considera la primera historia de España concebida como nación unitaria desde tiempos inmemoriales y Lafuente se había propuesto contribuir activamente a la creación de una conciencia nacional española.[115] Ofrecía una visión de la historia de España providencialista, unida y cristiana desde sus orígenes, auspiciada siempre por la susodicha Providencia. Lafuente escribió un relato en el que el nacionalismo se sustentaba en la supuesta rea-

113 FONTANA (1988), p. 425.

114 MARFANY (2016), p. 275.

115 LÓPEZ VELA (2004).

lidad de una España concebida como ente inmutable e indeleble en el tiempo. Afirmaba que los íberos y los celtas habían creado la esencia del carácter español y pergeñaba su discurso con una retórica grandilocuente y rimbombante: ¿Quién no ve revelarse este mismo genio en todas las épocas, desde Sagunto a Zaragoza...? ¡Pueblo singular! En cualquier tiempo en que el historiador le estudie, encuentra en él el carácter primitivo, creado más allá, en los tiempos que se escapan a su cronología histórica.[116] En la obra de Lafuente, el Estado aparece como el elemento decisivo para la configuración de la unidad y es considerado como la consecuencia de un sentimiento identitario nacional compartido por todos los españoles.

La obra de Modesto Lafuente tenía la virtud, desde el punto de vista del nacionalismo español, de ofrecer un consenso moral de pertenencia a una misma nación, que según Marfany era leída y asimilada en Cataluña, si tenemos en cuenta el número de ejemplares que se han conservado en tierras catalanas, a pesar de reconocer que "la intenció nacionalista de publicacions com aquestes no és immediatament clara".[117] Posteriormente a Lafuente encontramos otros historiadores románticos, constructores del nacionalismo español, tanto desde las filas progresistas como de las conservadoras, como puedan ser los casos de Pedro Antonio de Alarcón (1833-1891), Rafael Altamira (1866-1951) o Ramón Menéndez Pidal (1869-1968).

En aquel mismo período, en el año 1860, Víctor Balaguer publicaba el primer volumen de la *Historia de Cataluña y de la Corona de Aragón*. Las diferencias jurídicas entre España y Cataluña serían las que habrían de determinar las diferencias entre la Historia de Lafuente y la de Balaguer: *las diferencias básicas con las historias nacionales europeas, a la sazón de moda son dos: mientras la mayoría narraban la historia de una nación-estado, Balaguer hacía la de un territorio sin estado; y en segundo lugar, escribe una historia reivindicativa, dedicada esencialmente a sus coterráneos, en una lengua que no era la propia. Balaguer sumaba las palpitaciones románticas en la visión*

---

116 LAFUENTE (1861), p. 14.

117 MARFANY (2016), p. 267 y 358. Según apunta este autor, se conservan, en la actualidad, ejemplares de la obra de Lafuente en diversas bibliotecas de instituciones públicas de Cataluña, como la de l'Ateneu Barcelonès, el Centre de Lectura de Reus, el Seminario de Barcelona, la Biblioteca de Cataluña y la Pública de Tarragona, así como en todas las universidades públicas catalanas.

Escuela La Caridad en Camagüey, a inicios del siglo xx (Cuban Heritage Collection)

del pasado al afán de los progresistas por democratizar la estructura estatal, suma que se traducía en la voluntad de utilizar la historia como arma propagandística.[118]

En Cuba se utilizaban los mismos recursos persuasivos que en España, y la construcción de su Historia devenía el caballo de batalla en la formación de la identidad cubana. A partir de la segunda mitad del siglo xix el afán por investigar y reconstruir la historia de Cuba se convertía en objetivo destacado de la elite intelectual criolla. La obra del cubano Pedro José Guiteras, *Historia de la Isla de Cuba,* editada entre 1865 y 1866 se convertía en el primer caso nítido de la voluntad de establecer diferencias históricas respecto a España, si bien se trata de un relato fundamentado en las grandes descripciones históricas, que se irían transformando, con las guerras de independencia, en relatos épicos comunes a todas las historias nacionales. Manuel de la Cruz publicaba en 1890 en La Habana la obra *Episodios de la Revolución Cubana* y, tres años más tarde, veía la luz en Nueva York el libro *Desde Yara hasta el Zanjón,* de Enrique Collazo, que ya en tiempos del dominio norteamericano publicaría tres obras muy significativas: *Cuba independiente* (1900), *Los americanos en Cuba* (1905) y *Cuba intervenida* (1910), en donde, aparte de exaltar el pasado glorioso del ejército cubano en las luchas independentistas, denunciaba la política neocolonial del gobierno de EEUU. El texto que inserta Enrique Collazo a modo de dedicatoria en *Los americanos en Cuba* resulta harto significativo: *Aprendamos en la historia de nuestro pasado a desconfiar de nuestros humanitarios protectores (…) si es que queremos conservar la independencia absoluta y la libertad, por las cuales hemos luchado medio siglo.*

En 1901 Vidal Morales y Morales publicaba el libro *Iniciadores y primeros mártires de la Revolución Cubana,* y un año más tarde aparecía, del mismo autor, el libro *Nociones de Historia de Cuba,* que fue durante mucho tiempo manual de referencia en las escuelas cubanas. Se trataba de un libro de contenidos bastante transversales, desde un punto de vista de análisis político, que satisfacía tanto a los antiguos combatientes en pro de la independencia cubana como a la burguesía criolla que se había inhibido durante el proceso de liberación y que, en algunos casos, incluso se había opuesto. El investigador cubano Óscar Zanetti describe con inteligencia y perspicacia la intencio-

---

118 ANGUERA (2001), p. 918.

Alumnas visitando una exposición en La Habana (foto cedida por E. Álvarez)

nalidad de la obra de Morales: *Con voluntad de idealización apenas refrenada por el hábito erudito, este texto narra los hechos notables y ensalza a las figuras grandiosas del proceso histórico cubano, pero no oculta la intencionalidad que suponía el tratamiento indistinto de tales acontecimientos y personalidades (…) El comprensible, y hasta loable, afán de despertar el sentimiento patriótico en las nuevas generaciones, terminaba por asentar un relato histórico ambiguo y justificativo.*[119]

De todos modos, debemos observar que existía también alguna opinión contraria a conceder una función identitaria a la enseñanza de la Historia, como la expresada por el maestro y teórico cubano Alfredo Miguel Aguayo, cuyos desvelos se centraban más en una pedagogía innovadora que priorizase la formación integral del niño, potenciando valores tales como el amor, la tolerancia, el respeto, la solidaridad o la justicia. En cambio, educadores como Ramiro Guerra

---

119 ZANETTI (2006), p. 47.

o Arturo Montori entendían el patriotismo como un valor que era preciso cultivar y desarrollar, sobre todo en una sociedad tan expuesta a la influencia norteamericana. En 1931 se publicaba la emblemática obra de Arturo Montori *Los ideales y la educación* y se preparaba la edición del libro de José Miguel Trujillo *La enseñanza de la Historia*. Obras que proponían los mismos valores que Aguayo, pero que incorporaban los sentimientos patrióticos. La actual historiografía cubana interpreta con rigor profesional y de forma desapasionada las causas y los objetivos primigenios de las construcciones nacionales de su país: *Hay en la primera historiografía republicana mucho de "cantar de gesta", de recreación de los actos heroicos a que diera lugar nuestra larga, sangrienta y malograda lucha por la independencia. Enraizar en un sentimiento de frustración más o menos oculto, y de una manera quizás confusa y hasta inconsistente, la "historia nacional" que comenzaba a perfilarse pretendía elevar con su culto al heroísmo la autoestima de los cubanos, destacando la naturaleza épica de actos cuyo saldo definitivo –la república– comenzaba a demostrarse decepcionante. Destinada a perdurar por varias décadas, ese conducto devino un serio obstáculo para la comprensión del propio proceso independentista y empobreció las explicaciones de su desenlace.*[120]

Más allá de la controversia generada en el marco pedagógico de la Historia, resulta evidente su función política, sobre todo cuando se refiere a las gestas legendarias como generadoras de identidad, narrando las vivencias del "mito" como protagonista histórico. La simbología y la intencionalidad del mito resultan incuestionables: *Su objetivo es dar lecciones morales, ser vehículo portador de los valores que vertebran la comunidad (…) Desde el punto de vista político, su importancia se deriva de que crea identidad y proporciona autoestima (…) Y las comunidades humanas, cuando aceptan o interiorizan un relato sobre su pasado en común –un relato cargado de símbolos, como el mito–, construyen a partir de él todo un marco referencial, al que se llama cultura, en el que consiste su identidad colectiva y que proporciona estabilidad y seguridad a sus miembros.*[121]

---

120 ZANETTI (2006), p. 47.
121 ÁLVAREZ JUNCO (2016), p. 32.

11
Guerra e imaginario nacional: la creación del mito

La construcción de un imaginario nacional a partir del relato de los hechos de guerra podía transfigurar personajes simbólicos de la historia de un país. Tal y como interpreta Jorge Núñez en el caso de Ecuador, las guerras marcan la conciencia colectiva de los pueblos y recrean el imaginario colectivo. Por una parte, la muerte violenta de seres queridos provoca, más allá del dolor, un sentimiento de solidaridad colectiva que lleva al individuo a asumirse parte de una gran familia social, en el seno de la cual se reconoce –el "nosotros"–: patria, región o nación. Por otro lado, una imaginación que magnifica y distorsiona los hechos. De ese modo, las acciones militares se convierten en gestas, los vencedores en héroes y los perdedores en mártires. Es del producto de esas confluencias de donde se nutren las guerras de independencia americanas para conformar una nueva galería de héroes y mártires que acabarán sustituyendo la hagiografía tradicional por un nuevo altar patriótico. De ese modo, acabada la guerra, cada país –y aquí podríamos generalizar y hablar de territorio– se afanaría en escribir su propia "crónica histórica".[122]

Esta construcción identitaria desarrollada a partir de las gestas bélicas, ha sido censurada por sectores historiográficos, al considerarla, a veces, como un relato que oscila entre la ficción y la realidad: *Al final, la retórica nacionalista se construyó alrededor de un patrioterismo ampuloso, centrado en hazañas bélicas, frecuentemente exageradas o inventadas, en torno a los hechos que habían jalonado la independencia frente a España, convertidos en gestas fundacionales. El proceso de independencia se narró en términos militares, con un exceso de heroización.*[123]

---

122 Resulta interesante consultar: Núñez Sánchez (2005), p. 378-415.
123 Álvarez Junco (2016), p. 126.

A criterio de la investigadora Anne-Marie Thiesse la gestación y reproducción de estos procesos de nacionalización requería un concienzudo análisis de los "mitos forjadores de la patria", de los héroes, de la historia nacional, de la lengua compartida, de los monumentos, paisajes, mentalidad particular, representaciones oficiales, costumbres y folklore. Para Thiesse, la identidad nacional es una invención, pero la adhesión a ésta es lo que la hace real; sin embargo, no es un apego libre, sino que es producto de un "proselitismo sostenido que enseña a los sujetos eso que ellos son y su deber de propagarlo entre los suyos".[124]

Una fecha especialmente significativa en el calendario patriótico cubano era el 27 de Noviembre, en conmemoración de un suceso al que hemos aludido con anterioridad: el fusilamiento de los estudiantes de medicina en 1871. La efeméride era recordada en toda la Isla, con notable protagonismo por parte de las escuelas públicas, y en La Habana se producía un peregrinaje hacia el lugar exacto de la ejecución, las paredes de los barracones de Ingenieros. En las memorias de las escuelas del pueblo de San Juan y Martínez, en el municipio de Pinar del Río, del curso 1902-1903, se puede comprobar la profunda implicación de la escuela en el recuerdo de aquel episodio patriótico: *El 27 de Noviembre las aulas de cabecera concurren a la misa de réquiem en honor a los niños estudiantes fusilados en La Habana en 1871, pasando seguidamente al Parque de la Libertad explicándoles la asignatura de Historia el autor de las memorias, disertando sobre el luctuoso acontecimiento; el Dr. Guillermo A. Piña pronuncia un elocuente discurso cerrando el acto conmemorativo.*[125] Las visitas escolares a los mausoleos donde descansaban los restos de héroes como Antonio Maceo o Francisco Gómez Toro eran habituales, y las crónicas nos describen actos multitudinarios y muy emotivos, hasta el extremo tal que todo un general de la Guerra de los Diez Años, Máximo Gómez –muerto en 1905– había llegado a afirmar, en uno de dichos actos, que "hubo un momento que me sentí envidioso de los muertos".[126]

124 THIESSE (1999), p. 13.

125 *Memorias de las Escuelas Públicas de San Juan Martínez*, Imprenta Libertad, 1904, p. 9.

126 MÁXIMO GÓMEZ: "Carta a Lola Rodríguez de Tió", Calabazar, 11 de octubre de 1900. Archivo Nacional de Cuba. Fondo Máximo Gómez, legajo 21, nº 2927. En el capítulo "La difícil construcción de la identidad en Puerto Rico" retomamos la figura de Lola Rodríguez de Tió.

Figura del mambí representada en la cubierta de la *Historia de la insurrección de Cuba* d'Emilio A. Soulève.

Las guerras por la independencia nacional cubana, que acontecieron entre 1868 y 1898, proporcionaron un copioso material con que elaborar una arquitectura nacional trufada de mitología. Fuentes escritas y/o reescritas, memoria oral y reinterpretaciones diversas han permitido recrear escenarios y personajes que ayudaron a edificar la historia de Cuba, ora desde la cruda realidad, ora desde la ficción. Consideramos de sumo interés seguir la tarea investigadora de Blancamar León Rosabal, citada con anterioridad, ya que se adentra por una senda rica en fuentes documentales relativas a los períodos bélicos cubanos, que le permiten reflexionar con agudeza sobre la figura legendaria del mambí. La investigación transita entre el análisis de fuentes históricas, redactadas durante la guerra de independencia –cuadernos de campaña, diarios de operaciones,…– a memorias y otros documentos escritos por los protagonistas de aquella guerra. Existe una serie de documentos considerados manuscritos originales cuando en realidad son textos copiados con posterioridad, e incluso, quizás, apócrifos. Es transitando en este estadio cuando más fácilmente se puede caer en la recreación literaria, siendo no necesariamente fiel a la estricta realidad: *Estas elaboraciones posteriores de la información aspiran a ser el "teatro de representación" donde sus autores se ven como protagonistas. A través de sus testimonios, sus confesiones, las explicaciones que dan a los acontecimientos –experiencias individuales suyas y de otros, que recuerdan con ayuda de sus libretas de apuntes, y a veces a memoria limpia– nos permiten conocer y contrastar diversas realidades y aspiraciones que pudieran o no verse realizadas; determinados valores echados de menos; nostalgia de una edad, la más hermosa generalmente, invertida en un proceso de cambio y ruptura, rara vez capaz de recompensar la pérdida de un tiempo en que los hombres fueron distintos.*[127]

Explicar "la verdad" no será, pues, tarea fácil, o aún mejor, quizás ni siquiera se trate del objetivo del relator, que ha vivido unos hechos –o simplemente, los ha conocido de segunda mano– y que pretende pergeñar una versión literaria, marcada por las circunstancias del momento de la redacción, intencionada o no. Los autores quieren narrar, explicar, justificar –y si es preciso, inventar– situaciones, pero muy a menudo se construyen –o reconstruyen– escenarios y hechos acaecidos hace años, a partir de recuerdos interpuestos, opiniones o

---

127 LEÓN ROSABAL (1997), p. 11.

rumores: "casi siempre se escribe para que se lea lo escrito y se forme (o transforme) una imagen mental sugerida por los textos".[128]

Sin duda, la guerra cubano-española, como todas las guerras, transformó la transmisión de la verdad, y en consecuencia, también, el papel adjudicado por definición a la prensa. En el contexto bélico la función periodística se transformaba, y ejercía una misión de militancia que habitualmente estaba reñida con el ejercicio de difundir la realidad. Francisco de Camps y Feliu lo exponía sin partidismos: "En tiempo de guerra siempre se miente", y el militar español lo justificaba: *Comprendo que en tiempo de paz se deseche la mentira, que sólo se escriba la verdad; pero en tiempo de guerra, la mentira, que llamaré estratégica, juega un papel demasiado importante para que por un mal entendido quijotismo se deseche enteramente.* Y al referirse a la prensa cubana y a su manipulación informativa afirmaba: *soy condescendiente y verídico; y no sorprendiéndome las mentiras de los periódicos mencionados* (El Tinima y La Libertad), *porque las encuentro oportunas para dar aliento á sus parciales,* mientras reproducía de estos periódicos noticias falsas, pero reconocía, al mismo tiempo, la misma estrategia informativa en los dos bandos: *Lo copiado dá al lector una idea aproximada de las exageraciones y mentiras de los insurrectos, muy naturales en toda guerra. Nosotros mentíamos también. ¿Quién no miente?* Su experiencia bélica y la posterior recreación propagandística del conflicto, le aportaría una visión en cierto modo incrédula de las narraciones históricas, como reconocería unos años más tarde: "*La historia, más que la expresión de la verdad, es el resultado de las conveniencias de los hábiles, que también se creen obligados á encubrirla y se escribirá (la de la guerra de Cuba) como se escriben todas las historias, esto es, con sujeción a los escritos, memorias, apuntaciones y periódicos todos archivados. Y lo que resulte de todo eso será la* verdad histórica.[129]

En la documentación generada por los protagonistas de la guerra –o reinterpretada posteriormente– se constata que el concepto más extendido es el de "patria", entendida como tierra libre cubana, aunque a un nivel más idealista ha estado a menudo asociada por la historiografía cubana a la idea de deseo: *Patria es la institución a la*

---

128 León Rosabal (1997), p. 78.

129 Camps y Feliu (1890), p. 156, 162 y 179.

111

que se quiere llegar, y a la vez es legitimación de las instituciones de la revolución, (…) expresa los proyectos y los sueños más generales, y ayuda a representarse o a realizar los sacrificios necesarios.[130]

La elaboración del mito del mambí contó con un abundante contingente de materia prima, entresacada de los escritos de los protagonistas de las guerras de independencia o de sus intérpretes. Eso sí, hay que tener muy presente la importancia de otros mecanismos de construcción mitológica del mambí como pudiera ser la imaginería visual: esculturas en parques públicos, figuras relevantes en billetes y monedas, libros de texto,… La expresión oral complementaría la tarea dotando a la causa mambí de una serie de canciones y poemas que se incorporarían al folklore nacional cubano.

En este contexto, y de modo comparativo, no está de más recordar la evolución histórica nacional de la Italia contemporánea. El discurso nacional-patriótico del *Risorgimento* italiano se fundamentaba en la mística heroica del sacrificio y el martirio por la libertad de la patria. Este hecho se constata perfectamente en la película *Il piccolo garibaldino,* cortometraje de 1909 producido y dirigido por Filoteo Alberini, basado en la historia real de Luigi Giuseppe Marchetti y Giuseppe Marchetti, padre e hijo que participaron en la expedición de los *Mille*. La expedición de los "mil" fue el episodio crucial del *Risorgimento*. Sucedió en 1860, cuando un millar de voluntarios, bajo las órdenes de Giuseppe Garibaldi, partieron la noche del 5 al 6 de mayo de Quarto, en territorio del Reino de Nápoles, hacia el Reino de las Dos Sicilias, con el propósito de apoyar las revueltas de la isla y derrotar al gobierno borbónico. Los voluntarios desembarcaron en Marsala el 11 de mayo y, tras reforzarse con la parte de la población local, se dirigieron hacia el norte. Después de una serie de batallas victoriosas contra el ejército borbónico, los voluntarios consiguieron conquistar todo el Reino de las Dos Sicilias, permitiendo su anexión al Estado italiano naciente. En una escena de la película el padre le dice al hijo: "es mejor morir que vivir sin honor", y la madre, al saber la muerte de su hijo, logrará superar su dolor con el consuelo de que otra madre –Italia– había acogido a su hijo en su seno; más tarde reconocerá a su hijo en un conjunto monumental en bronce, al lado de una matrona que porta una bandera: el hijo desciende del pedestal, avanza hacia la madre, le muestra su herida y declara orgulloso: "Mira,

---

130 León Rosabal (1997), p. 74.

madre, he muerto como un soldado". Después retorna al monumento y se acoge en los brazos de su nueva madre simbólica: Italia.[131] Unos años antes del film *Il piccolo garibaldino*, en 1886, el escritor italiano Edmondo D'Amicis, publicaba *Cuore*, obra concebida en forma de diario personal que abarca el período de un año escolar en la vida del niño Enrique, alumno de tercer grado en una escuela municipal de Turín, en un recurso literario que alternará vicisitudes escolares con narraciones de tono emotivo. En un pasaje de la obra, y ante la pregunta de "¿por qué amo a mi patria?", Enrique responde: *Amo a Italia porque mi madre es italiana, porque la sangre que corre por mis venas es italiana, porque es italiana la tierra donde están sepultados los muertos por los que mi madre llora y a los que mi padre venera y porque la ciudad en que nací, la lengua que hablo, los libros que me educan, mi hermano, mi hermana y mis compañeros y el gran pueblo en el que vivo y la bella naturaleza que me rodea, todo lo que veo, lo que amo, lo que estudio, lo que admiro, es italiano.*[132]

En cualquier parte de la geografía mundial, las recreaciones histórico-sentimentales constituían un excelente granero argumental para las estrategias nacionalistas. Cuba no sería la excepción: formaba parte de una manera de ser y hacer, en que las actividades de reconocimiento patriótico se imbricaban en la vida cotidiana de los cubanos, mientras potenciaban su sentido de pertenencia. La tarea del maestro, como hemos visto, resultó fundamental para el proceso. El superintendente de las escuelas del distrito de La Habana, Manuel A. Aguiar, lo proclamaba en sus escritos: *cada vez que la oportunidad se les ha presentado han descrito al educando la escena patriótica que hace surgir el cariño a la Patria, que afirma en él la gratitud para nuestros hombres, y el amor a nuestra bandera que, aún roja de sangre de aquellos, les enseña con su martirio el derrotero de nuestras libertades.*[133]

---

131 BANTI (2011).

132 La edición consultada, en idioma español, es del año 2015, y lleva por título: *Corazón: diario de un niño.*

133 MANUEL A. AGUIAR: "Informe técnico presentado por el superintendente de las Escuelas del Distrito Escolar de La Habana sobre los Trabajos realizados en las mismas durante el año escolar de 1900 a 1901", en *Memoria anual de los trabajos realizados en las Escuelas Públicas del Distrito Escolar de La Habana,* Junta de Educación de La Habana, 31 de agosto de 1901.

El Malecón y El Morro de La Habana. Estudio Fotografía Otero y Colominas (San Rafael, 32, La Habana)

La innovación docente se conjugaba con la función patriótica, y la aplicación de una metodología fundamentada en la teoría se complementaba con actividades prácticas, las que exigían un contacto con la calle, que como decía el profesor Ramón Meza: "las lecciones prácticas las dan los actos públicos, cuyas tendencias inspiran y mueven con más intensidad a las masas analfabetas".[134]

Aparte de los actos en que se honraba a los "mártires de la patria", hemos de destacar otros elementos simbólicos que complementaban la estrategia de construcción identitaria: el himno nacional y la bandera cubana. A diferencia de Puerto Rico, en donde se honraba a la bandera del país y a la de EEUU indistintamente, en Cuba, la bandera propia disponía rango de exclusividad. Las autoridades norteamericanas no mostraron nunca deseo de compartir honores con la autóctona, como sí pasaba en Puerto Rico. De un informe del inspector pedagógico de Santiago de Cuba del 26 de diciembre de 1902, podemos deducir que la burguesía cubana también participaba activamente en la cruzada simbólica, por cómo se habían obtenido banderas cubanas para la escuela: "por cesión gratuita de los vecinos

---

134 MEZA (1908), p. 20.

pudientes; y he observado con gusto el amor y el orgullo con que los niños izan, cantando el Himno escolar".

En este contexto, resulta interesante analizar la actitud y el posicionamiento de una alta autoridad local como era el alcalde de Santiago de Cuba, el catalán Emilio Bacardí Moureau, que en 1892 ya se relacionaba con José Martí en Nueva York, y unos años más tarde, en 1896, fue condenado y deportado a las islas Chafarinas como defensor de los primeros movimientos cubanos de independencia, como resultado de unos registros domiciliarios por parte de las autoridades españolas, en los que se incautaron de numerosos escritos comprometedores. Bacardí, luego, en 1901, instituiría en Santiago la Fiesta de la Bandera, con el izamiento simbólico en el Ayuntamiento de una bandera cubana de grandes dimensiones, comprada por suscripción popular.[135]

Con la restauración de la República, en 1909, se oficializa el acto de la Jura de Bandera. A inicios de cada curso escolar, los alumnos cubanos tenían que jurar la bandera, símbolo de la patria cubana. Institucionalizar los símbolos del país, que representaban la lucha por la liberación nacional, era la mejor manera de legitimar el nuevo orden, encabezado por el presidente de la República. En los actos escolares de la Jura de Bandera, aparte de evocar las gestas de los héroes independentistas, se hacía un ejercicio de reafirmación nacional, y se usaba un lenguaje beligerante con EEUU. Un lenguaje que, como escribe Yoel Cordoví, *se reafirmaba como el signo distintivo de una cultura política, que buscaba su legitimación en su enfrentamiento "al otro"*.[136] En efecto, la fidelidad a los símbolos patrióticos legitimaba la existencia del nuevo orden y de su gobierno, fundamentado en la conservación de unos ideales forjados en las luchas contra el colonialismo español.

La construcción de un imaginario colectivo a partir de los símbolos resulta de notable trascendencia para cualquier sociedad. De forma coetánea, los nacionalismos periféricos del Estado español también activaron estrategias similares. En el País Vasco, a partir de la última década del siglo XIX, creaban la bandera y el himno. Más tarde, en 1919, se fundaba la Academia de la Lengua Vasca, inicián-

---

135 Para un mayor conocimiento de la familia Bacardí, véase: Vinyoles & Lanao & Torns (1998), p. 81-96.

136 Cordoví (2012), p. 78.

dose un proceso de unificación de la lengua –el euskera–, en un contexto similar al acaecido en Cataluña unos años antes, en 1913, cuando Pompeu Fabra había elaborado sus *Normas ortográficas*, una larga reforma ortográfica auspiciada y promulgada por el Instituto de Estudios Catalanes.

En Cataluña, en un entorno convulso provocado por la política económica del gobierno conservador español, se vivía un ambiente agitado, mezcla de desconcierto, radicalismo y cierta euforia nacionalista. Recordemos, al respecto, cómo a finales de siglo XIX la visita de la flota francesa fue aprovechada para la expresión popular de sentimientos catalanistas: se cantó La Marsellesa y Els Segadors y se silbó la Marcha Real, hecho que provocó virulentas reacciones en la prensa de Madrid: *La sociedad española y sus clases dirigentes descubrieron con estupefacción que no todo el mundo vibraba igualmente ante el patriotismo español, y que en la Península había otros idiomas aparte del castellano, y diferentes banderas, himnos y símbolos. Desde entonces toda disidencia, regional o nacionalista, empezó a ser tildada de separatista.*[137] En cualquier caso, Cuba se encontraba en un proceso de plena construcción nacional, sobre todo a partir de la época republicana, mientras que Cataluña actuaba a menudo, desde este punto de vista, como reacción a una situación de coerción política.

---

137 TERMES (1987), p. 163.

12
Renovación docente: entre la modernidad pedagógica y el proselitismo patriótico

EL PROCESO DE renovación y transformación de la escuela cubana, a inicios de siglo XX, disponía de un poderoso referente a nivel pedagógico: el Seminario de San Carlos y San Ambrosio. Y, con él, la figura del padre Varela. Por tanto, no resulta extraño observar cómo se impartía una educación moderna y equiparable a la de los países más avanzados del mundo, que contrastaba con el sistema educativo que predominaba en España. O sea, que la educación no será sólo un recurso al servicio "de la patria", sino que será también un instrumento básico para la formación integral de la persona. El propio Ramiro Guerra proponía una enseñanza de la Historia "completa y en profundidad", que no se limitase a la narración de unos hechos políticos y unos episodios bélicos para ser memorizados por los alumnos. Esta tendencia historiográfica fue regulada por las autoridades académicas, como queda registrado en una circular oficial de 1914: *Más que a los episodios militares, se dará importancia a la constitución política y social, al desarrollo de la cultura, de los ideales y de la tendencia de los pueblos; procurando, al exponer los hechos, estudiar sus antecedentes, las circunstancias en que se han realizado y las consecuencias que han producido.*[138]

La corriente de renovación de la Historia como herramienta para entender el presente y construir el futuro, tenía otros adeptos, como el profesor de Santiago de Cuba, Miguel Ángel Cano, que propugnaba el conocimiento de la historia como un método para "comprender mejor el presente y mirar de frente, con probabilidades de acierto, el porvenir", dado que ésta era "un arsenal en que se encuentran armas

---

138 Junta de Superintendentes de Escuelas Públicas: Clasificación y Plan de Estudios de las Escuelas Públicas de Cuba. Instrucción Primaria Elemental, La Habana, Imprenta Moderna, 1914, p. 8.

de todas clases".[139] Algunas experiencias educativas puestas en práctica en Cataluña eran similares a las de Cuba, por lo que representaba de modernidad y renovación, harto alejadas de los conservadores y tradicionales métodos docentes españoles. El espíritu racionalista de la Escuela Moderna de Francesc Ferrer i Guàrdia conectaba perfectamente con los programas educativos cubanos en el sentido que bajo la inspiración de una pedagogía racional y científica educaban individuos sensibles a la problemática social.[140]

Ramiro Guerra insistía que interrelacionar sentimientos patrióticos con la enseñanza de la Historia no significaba disminuir los ideales universales propugnados por el pedagogo Alfredo Miguel Aguayo ni poner en práctica un nacionalismo "estrecho e intransigente", pero que merecía la pena aprovechar las virtudes cohesionadoras de la Historia: *Nuestra Historia es lo único genuinamente nuestro que poseemos. Ello puede servir para unir cada vez más estrechamente, por el pensamiento y por el corazón a todos los cubanos.*[141] Guerra, eso sí, rechazaba que la Historia de Cuba se convirtiese en una "apasionada glorificación de todo lo cubano, una exaltación de nuestros propios méritos y una magnificación de nuestros personajes".[142] En ese aspecto, se mostraba muy prudente a la hora de admitir la biografía como un método de conocimiento del personaje. La innovación pedagógica exigía la participación del alumno, circunstancia aplicada de manera formal a partir de la aprobación de la ley escolar de 1914, por la cual la clase de Historia se iba a convertir en: *más interactiva y profunda al admitir entre sus ejercicios la lectura crítica de un resumen, tanto individual como colectiva, la designación de alumnos para confeccionar cuestionarios y el revisado mutuo de las respuestas en el seno del aula.*[143]

La dirección escolar cubana se reservaba, eso sí, algunas acciones nada progresistas, que contrastaban con las teorías innovadoras de la docencia de la Historia y que daban pábulo a las rancias prácticas memorísticas. En este sentido, en el mismo año 1914 dictaba unas "recomendaciones"

---

139 CANO (1918), p. 13. Resulta muy interesante comprobar cómo destacados innovadores de la historiografía como el catalán Josep Fontana, defendían en épocas recientes esta corriente historiográfica. Véase: FONTANA (1980).

140 SOLA I GUSSINYER (1980), p. 29.

141 GUERRA (1917), p. 19.

142 GUERRA (1917), p. 14.

143 QUIZA (2003), p. 47.

para los maestros cubanos, que tenían que hacer memorizar a sus alumnos afirmaciones de la índole de: "La República nos ha dado todas las libertades", "Los cubanos nunca se conformaron con ser tratados como seres inferiores por razón de su nacimiento", "Nuestro país ha producido hombres ilustres en diferentes ramas de la actividad humana" o bien "En Cuba el analfabetismo disminuye progresivamente".

La profunda relación histórica entre Cuba y Cataluña hace más que previsible que los maestros cubanos que ejercían una docencia moderna y progresista conociesen diversas experiencias educativas practicadas en Cataluña, como es el caso de la Escuela Activa, cuya acción educativa mostraba dos vertientes, según explica Salomó Marquès: *una de renovación de la escuela, desde sus contenidos a sus metodologías, y la otra, de mejora del propio colectivo con la intención de conseguir el prestigio y el reconocimiento social que su acción merece. Por lo que respecta a la renovación de la escuela, las acciones se harán a dos niveles complementarios: con el alumnado y con el profesorado. Referente al alumnado, la mejora de la práctica docente comportará la organización de excursiones, la creación de museos escolares con el material recogido en las salidas, la realización de trabajos manuales en las aulas, el fomento de estudios de prehistoria local, de toponimia, de meteorología, etc. El magisterio renovador pretende una enseñanza activa a partir de la experiencia y la observación directa, en vez de una enseñanza memorística, sin estímulos.*[144]

En una sociedad como la cubana, cada vez más modernizada, más industrializada y tecnificada, con una tendencia irreversible hacia el cosmopolitismo y la transnacionalización, y, como ya hemos apuntado, con un largo precedente de relaciones con una metrópoli y, sobre todo, con Cataluña, es legítimo considerar que el tránsito de ideas e innovaciones pedagógicas llegasen a la Isla, y en este sentido, la corriente de pensamiento del krausismo aplicada a la docencia se constituyó en ejemplo paradigmático, no en vano se había desarrollado con mucha energía en España a lo largo del siglo XIX, gracias a Julián Sanz del Río y Francisco Giner de los Ríos. En Cataluña, entre otros, influenció a Francesc Pi i Margall que, a su vez, tuvo un destacado predicamento entre la sociedad cubana, hasta el punto ser considerado figura importante por parte del pensamiento político nacional cubano[145]. El krausismo representó un

---

144 MARQUÈS (2002), p.14-15.

145 Ver PICH (2006).

intento de renovación intelectual y de acercamiento a Europa, principalmente en lo que respecta a la ética y la pedagogía, sobre todo con la fundación de la Institución Libre de Enseñanza, por parte de Giner de los Ríos. Las implicaciones pedagógicas de la filosofía krausista obligaban a poner al alumno en contacto directo con la naturaleza y con cualquier objeto de conocimiento. De ahí la importancia que cobraron las clases experimentales y las excursiones, por otra parte tan habituales, en la escuela cubana. Los principios pedagógicos del krausismo propugnaban, pues, una enseñanza intuitiva de clara influencia rousseauniana, en la que el contacto directo con la naturaleza o con cualquier objeto de conocimiento era la clave del aprendizaje, en las antípodas de la enseñanza rígida y de corte memorístico de la pedagogía tradicional. El propio Giner de los Ríos abogaba, en el ámbito de la nueva pedagogía, porque el alumno pensase, se interrogase, dudase y que "despliegue las alas del espíritu y se rinda a la conciencia de su personalidad racional". Por otra parte, son rasgos fundamentales del krausismo la laicidad y la creencia adogmática en un dios ajeno a reglamentaciones de cualquier tipo. Puerto Rico y Cuba tuvieron dos figuras caudales en la defensa del krausismo: el portorriqueño Eugenio María de Hostos y el cubano José Martí. Los dos, aunque con discursos netamente personales y originales, formularon sus teorías influenciados por esa especie de liberalismo krausista en que el individuo actúa para la mejora de la sociedad. En ambos casos, los respectivos discursos evolucionaron hacia postulados anti-imperialistas.

La revolución metodológica de la docencia en las aulas cubanas fue, en general, de una magnitud equiparable a las sociedades más avanzadas. A la propuesta de la enseñanza de una Historia total se añadían otras novedades, algunas de ellas propiciadas por la introducción de innovaciones tecnológicas, como fue el caso del cinematógrafo. Efectivamente, la irrupción de dicho medio visual en las clases iba a producir una revolución en el mundo de la docencia. Asociar educación y cine significaba, por una parte, dotar de nuevos instrumentos didácticos a los maestros; por otra, encontrar nuevas fórmulas para fomentar el interés de los alumnos en los contenidos impartidos. El propio Alfredo Miguel Aguayo lo dejaba patente en sus escritos: *Esto basta para demostrar su gran poder educativo: el cinematógrafo constituye un método inapreciable para el cultivo de la atención.*[146]

---

146 ALFREDO MIGUEL AGUAYO: "El cinematógrafo en sus relaciones con la educación", en *Revista de Educación*, vol. I, nº 2, La Habana, 1911, p. 10.

La tarea de hacer proselitismo patriótico vinculada a la asignatura de Historia se complementaba, en cierto modo, con otras materias como la Geografía y el Dibujo. A través de la Geografía se procuraban recrear los itinerarios que habían seguido los combatientes independentistas al protagonizar sus gestas: "la marcha seguida por los revolucionarios cubanos en la Invasión, señalando los puntos en que se realizaron los combates más importantes",[147] mientras que la asignatura de Dibujo servía para aprender a ilustrar dichos lugares: "que sirvieron de refugio a los soldados libertadores; sus ciudadanos, sus pueblos, etc., pero sería difícil averiguar cuál es el que sabe dibujarlo mejor, y esto es precisamente lo que queremos".[148]

Para afianzar y extender el sentimiento patriótico a toda la sociedad cubana, a veces de modo sutil, a veces más explícito, se desarrolló una intensa campaña a nivel de nomenclátor consistente en bautizar o rebautizar escuelas, monumentos y calles. Si hasta ese momento lo habitual había sido identificar las calles con números o letras, a partir de ahora se comenzarán a designar con nombres de personajes ilustres de la Revolución y del pensamiento nacional cubano: Félix Varela, Antonio Maceo, Ignacio Agramonte, José A. Saco, José de la Luz y Caballero, Máximo Gómez se e incluso, el catalán Francesc Pi i Margall, entre otros.

El paisaje cubano se fue poblando de monumentos erigidos en recuerdo y memoria de los héroes nacionales. En el año 1915 se inauguraron monumentos dedicados a José Martí en La Habana, Matanzas y Cienfuegos; a José de la Luz y Caballero en La Habana; a Ignacio Agramonte en Camagüey; a Frederic R. Capdevila en Santiago de Cuba. Y así muchos más personajes llegaron a tener sus monumentos. En este contexto de edificaciones simbólicas y conmemorativas, el pedagogo José Miguel Trujillo redactaba un manual para la docencia de la Historia, donde se interrogaba de manera significativa sobre su interés pedagógico: "¿Qué niño olvidará una lección sobre Martí, si como complemento de ella, se muestra la estatua en nuestro parque Central? ¿Puede haber lección más elocuente de historia que una dada a las sombras de los árboles que rodean la tumba de Antonio

147 TRUJILLO (1914), p. 137.

148 "Concurso de mapas", en *La edad de Oro. Para los niños,* La Habana, s/p. Citado por CORDOVÍ (2012), p. 113.

El desembarco en Guánica, de Howard Chandler Christy, publicado en *Harper's Pictorial History of the War with Spain*. Vol II. New York-London: Harper and Brothers, 1899, p. 394

Maceo?"[149] Y esta patria se interpretaba, acorde a la definición del Diccionario de la Real Academia Española, como la tierra nativa o adoptiva ordenada como nación, a la que el ser humano se siente ligado por vínculos jurídicos, históricos y afectivos.

Así mismo, el retrato de José Martí se extendía por todas las escuelas cubanas, presidiendo las aulas junto a la bandera cubana. Martí se convertía en una figura mística, en casi un símbolo de "religiosidad laica". A través de la figura de Martí cobran sentido, en un contexto de identidad colectiva y de imaginario republicano, conceptos como "patria", "pueblo" o "cubanidad": *Martí comienza a compartir el estatus simbólico de los objetos sagrados, y su figura se inviste de la particular relevancia que se atribuye a lo "santo".*[150] Martí se convertía en el apóstol de la Patria y su imagen inundaba todos los rincones de la Isla. El poder evocador y sugestivo de las imágenes se volvía trascendente para las estrategias nacionalizadoras: *Una vez creadas, ciertas imágenes pregnantes, poderosas, se vuelven "lugares de la memoria" colectiva, así como –simétricamente– ciertos lugares sobrecargados de sentido llegan a configurar imágenes de la memoria.*[151]

Desde el ámbito de la poesía existía un referente indiscutible: el poeta José María Heredia. Sin duda, el poeta era ya venerado por sus coetáneos, admiradores tanto de su lírica como de su compromiso político en favor de la independencia de Cuba, que era lo que en definitiva inspiraba su obra poética. El propio Martí lo había evocado en sus textos y discursos, y en la Cuba republicana, maestros como Ramiro Guerra exaltaban su figura como excelente ejemplo de luchador pionero por la independencia cubana.

En la segunda década del siglo XX, se definían de forma clara los nombres más emblemáticos de la "biblia laica" cubana. El maestro Arturo Montori elaboró una encuesta para alumnos de primaria que fue contestada por 584 niños y 628 niñas, o sea, un total de 1212 alumnos. Se preguntaba, entre otras cosas: "Entre las personas que Vds. conocen por el estudio, por sus lecturas o por referencia, ¿por cuál sienten más admiración de modo que quisieran parecerse a ella?" El resultado fue el siguiente, y por el orden que nombramos: José

---

149 TRUJILLO (1914), p. 127.

150 IGLESIAS (1998), p. 218.

151 MALOETTI & WESCHLER (2005), p. 1179.

Martí, José de la Luz y Caballero, Antonio Maceo y Carlos Manuel Céspedes. En la lista aparecía, incluso, un notable autonomista como Rafael Montoro. Las argumentaciones de los alumnos resultan muy significativas y se inscriben plenamente en la política de nacionalización ciudadana desde la base: "Yo admiro a Martí porque él ha sido el verdadero padre de la independencia de Cuba", o bien: "Sufrió por Cuba y por ella murió; dando ejemplo de la generación precedente y a las venideras. Si todos los cubanos se esforzaran en imitar a Martí, nuestra patria sería feliz". La figura del revolucionario Máximo Gómez, muy venerada al principio, iba perdiendo influencia –ocupaba el duodécimo puesto en la tabla de clasificación de la encuesta– en la construcción simbólica de la nación cubana, tal y como advierte Yoel Cordoví, que remarca también que en el listado de principales nombres ilustres de la encuesta aparecía el nombre de Cristóbal Colón, prueba inequívoca que el sentimiento patriótico cubano no se asociaba a un sentimiento antiespañol.[152]

Arturo Montori analizó en profundidad los resultados de la encuesta y pudo convenir, de forma porcentual, las procedencias y condiciones de los personajes favoritos de sus alumnos: revolucionarios cubanos: 55,06%; personajes conocidos del entorno social: 42,40%; escritores cubanos antiguos: 28,64%; maestros: 25,22%; personajes contemporáneos: 24,52%; entorno familiar: 7,67%; personajes extranjeros: 6,90%; personajes religiosos: 1,59%; y personajes de novela: 1,12%[153]

---

152 CORDOVÍ (2012), p. 124-126.

153 ARTURO MONTORI: "Estudio sobre los ideales de los niños cubanos. Los ideales y la educación", en *Cuba Pedagógica,* La Habana, 15 de febrero de 1914, p. 117.

13
La difícil construcción de la identidad en Puerto Rico

EL PROCESO NACIONAL en Puerto Rico, aun presentando algunas concomitancias con el caso cubano, como pueda ser el afán por rebuscar en la historia argumentos que justifiquen su identidad, experimentó una evolución indudablemente diferente, sobre todo a partir de su sujeción al imperio norteamericano, circunstancia que explicaría la realidad actual de ambos países. En los primeros años del siglo XX, Puerto Rico no planteaba políticas independentistas ante EEUU y seguía mostrando el mismo posicionamiento que había mantenido a lo largo del siglo XIX en relación a España, es decir, que Puerto Rico "se adaptaba a las posibilidades de su metrópoli de siempre, sin que el liderazgo independentista fuese capaz de movilizar a la población hacia la lucha armada".[154] En el cuadrilátero formado por España-Cataluña-Cuba-Puerto Rico, determinada prensa de finales del siglo XIX asociaba el carácter del cubano con el del andaluz, y el del portorriqueño con el del catalán: *El habitante de Cuba es parecido al andaluz –despilfarrador, decidido y acalorado. El de Puerto Rico es como el del Norte de España –poco dado a exaltaciones, económico, falto de unión pero fácil de dirigir por más que oponga resistencia pasiva enorme a todo lo que no le gusta sea bueno o malo.*[155]

La formación de una conciencia nacional en Puerto Rico fue lenta y complicada. Entre las clases criollas subalternas –comerciantes, empleados, campesinos...– y los inmigrantes, los vínculos culturales e históricos eran, lógicamente, inexistentes. En esta situación resultaba difícil que las clases acomodadas –los plantadores– crearan –o si se prefiere, inventaran– una tradición histórica propia. Los herederos criollos de los plantadores se habían educado, básicamente a partir

154 CUBANO (1995), p. 6.
155 *Boletín Mercantil*, San Juan de Puerto Rico, 20 de mayo de 1892.

de la segunda mitad del siglo XIX, en colegios extranjeros, por lo que su sentimiento nacional era más bien escaso.

A lo largo del siglo XIX, la actitud de los portorriqueños en relación a España no era de antagonismo. Puerto Rico se consideraba patria, pero una patria subordinada a la madre-patria española, y se aceptaba, sin grandes entusiasmos, la soberanía española, aunque conviene remarcarlo: existía un cierto sentimiento nacional criollo, aunque poco unificado y muy identificado, como en Cuba, al hombre blanco: *en la primera mitad del siglo XIX, existía una patria del criollo mulato, una patria del criollo negro y una patria del criollo blanco, pero aún no había cristalizado la patria del puertorriqueño, la patria de todos.*[156]

Sin embargo, desde mediados del siglo XIX, la literatura de Puerto Rico contenía esencias de un definido sentimiento nacional. El concepto de patria se asociaba mucho más con el de jíbaro que con el hispánico: *Ésta literatura no dará cauce a la visión del mundo, ni a los valores del negro y mulato libre, sino tan solo al acervo emocional que le atribuye al jíbaro, idealizado como el campesino blanco de la Isla.*[157]

El jíbaro ha sido presentado por escritores, intelectuales y artistas puertorriqueños como una expresión genuina de la condición de natural de Puerto Rico: *Hoy (...) cuando uno quiere enfatizar que es puertorriqueño, que actúa como puertorriqueño, que siente como puertorriqueño, dice: soy jíbaro. En esa palabra ciframos nuestra identidad puertorriqueña.*[158]

La preocupación del gobierno colonial español por la educación en Puerto Rico fue muy discreta, y no constituía ninguna prioridad en su gestión política. En el último cuarto del siglo XIX la escuela portorriqueña presentaba, igual que en Cuba, un aspecto deplorable y con notables deficiencias, amén de un reducido número de matriculados en las escuelas (un 23%), lastrados a su vez por un preocupante absentismo escolar. Los datos que muestra el Almanaque de la Isla de Puerto Rico de 1889, referidos al curso de 1887, y la interpretación que suscitan son indiscutibles:

156 QUINTERO RIVERA; GONZÁLEZ et al. (1981). Citado por IBARRA (1996), p. 94-95.

157 IBARRA (1996), p. 93.

158 MARTÍNEZ MASDEU (1975), pàg. 155.

	HOMBRES	MUJERES	TOTAL
Saben leer y escribir	57.215 (7,09%)	39.651 (4,92%)	96.865 (12,01%)
Sólo leer	5.662 (0,90%)	8.851 (1,09%)	14.513 (1,79%)
Analfabetos	341.409 (42,41%)	353.919 (43,79%)	695.328 (86,20%)
TOTAL	404.287 (50,20%)	402.421 (49,80%)	806.708 (100%)

Estas proporciones ya de por sí muy pobres, se hacen mucho más si se tiene en cuenta que de los 19.445 niños matriculados concurren con asiduidad á las escuelas 14.063, y de las 6.729 niñas solo 5.082, lo cual baja las proporciones antes dadas á 16,68 y 6,34 respectivamente. ¡Estos números son bien desconsoladores! A este paso ha de tardar todavía algunos siglos la población de Puerto Rico en ofrecer en su Estadística siquiera el 50 por 100 de su total, con instrucción; porque no debe perderse de vista que las proporciones apuntadas son relativas al número de niños de 6 á 12 años, que si las referimos al total de la población son el 2,41 por 100 de varones y el 0,83 por 100 de hembras que reciben instrucción. He aquí el mayor de los secretos de todos nuestros atrasos.[159]

En relación a los contenidos docentes, el gobierno colonial español había procurado diseñar unos programas que justificaran su histórica presencia en la isla, hacer proselitismo de su dominio e inculcar unos valores y unos sentimientos a los niños portorriqueños acordes al espíritu de lo que años más tarde se denominará "hispanidad". Los textos del manual de "Geografía de España y sus posesiones ultramarinas" de 1895, declarado "texto para las escuelas de la provincia" –el ejemplar consultado corresponde a la provincia de Ponce–,[160] es de una significación inequívoca, sobre todo en el apartado "Noticia sobre el descubrimiento de América. Viajes de Colón", donde plantea cuestiones del tipo: "¿Por qué la América se llama Nuevo Mundo? ¿Quién fue D. Cristóbal Colón? ¿Fueron de alguna utilidad esos indios a Colón?", con respuestas de un cinismo absolutamente tendencioso: "Sí, porque de ellos tomó informes para continuar sus descubrimientos". Finalmente el manual incluye otro apartado: "Noticia de los demás descubrimientos hechos en América y conquista de ella por los españoles", utilizando el mismo recurso pedagógico de pregunta-respuesta. Así mismo, los métodos docentes se fundamentaban en esquemas poco pedagógicos y arcaicos. En el

---

159 *Almanaque de Isla de Puerto Rico.* Revista de Agricultura, Industria y Comercio, Imprenta de Acosta, 1889, p. 92 y 95.

160 SANTAELLA (1895).

aprendizaje se priorizaba la memorización y la repetición; la práctica de escritura era supervisada por los maestros y sus respectivos ayudantes, en caso de tenerlos. En los archivos históricos portorriqueños, principalmente en el de San Juan, podemos encontrar abundante documentación de las "páginas" de los estudiantes para la práctica de la escritura, así como apuntes sobre moral y conducta.[161]

A partir de 1898, Puerto Rico iniciaba una nueva etapa, en la que el dominio español había sido sustituido por el de EEUU. La educación había de ser el caballo de batalla para la construcción de una nueva nación, pero la situación, en esa parcela, era realmente muy deficiente, si nos atenemos a la fría estadística. Lógicamente, la transición política no había comportado, de entrada, modificación alguna: así, en 1899, en Puerto Rico había 322.393 niños en edad escolar (de 5 a 17 años), de los cuales sólo un 8% (25.798) asistían a la escuela. Del conjunto total de la población, 953.243 habitantes, sólo el 15% sabía leer y escribir.[162] En 1899 comienza a editarse en San Juan de Puerto Rico, y en el ámbito de la educación, *El Eco del Magisterio*, una publicación que se esforzaba en poner en evidencia los déficits del sector: denunciaba el abandono y la despreocupación que sufría la educación, la mínima atención que recibía por parte de la prensa generalista –apelando a la influencia de los medios de comunicación–, los sueldos misérrimos de los maestros…, y exigía al gobierno material escolar y mejoras en los equipamientos. En su edición del 14 de noviembre de 1899, expresaba un sólido argumentario en torno de tan nefasta situación: ¿por qué permanecer indiferente ante el desastre educacional que *venimos atravesando?* (…) *No faltan inspectores que se "entretienen" en pedir a los Maestros que presenten la renuncia de sus escuelas porque no son aptos. Un buen señor, muy conocido en su casa, que después de todo ni siquiera conoce bien el español, juzgando de las aptitudes de nuestros profesores, sin más norma que su capricho* (…) *No la Capital solamente, sino la Isla toda, está escandalizada por lo que pasa con la Instrucción y con los Maestros, á los que parece que se les quiere matar de hambre, ó precipitarlos por la senda de la desesperación.* En definitiva, dirigismo de la nueva administración norteamericana y miseria económica del profesorado.

---

161 LÓPEZ BORRERO (2005), p. 68.

162 *Informe sobre el censo de Puerto Rico de 1899,* Washington, Departamento de la Guerra, Imprenta del Gobierno, 1900, p. 76 y 78.

El gobierno de EEUU se encontró con un panorama educativo casi virgen, hecho que posibilitó el inicio de una intensa política educativa, con la creación de escuelas y universidades, que hicieron disminuir paulatinamente y de modo sustancial los índices de analfabetismo, sofocando con la medida posibles sentimientos nacionales portorriqueños.

En enero de 1899 llegó a Puerto Rico el general norteamericano y presidente de la Universidad de Westminster, en Salt Lake City, John Eaton, para ejercer de inspector de enseñanza y preparar un conjunto de reglamentos con el objetivo de promover la americanización por medio del idioma y, por tanto, para jugar un papel en la centralización de su sistema educativo. Entre las disposiciones señaladas se establecía que los maestros debían aprender inglés; a efectos de contratación, se daba preferencia a los maestros que lo hablasen; los candidatos a examen de escuela superior, normal y de instituto se tenían que examinar en inglés. Entre las tareas más relevantes de este Comisionado figuran las siguientes: envío de 540 maestros a EEUU para estudiar en las universidades de Cornell y Harvard durante el verano de 1904 –recordemos que Alexis E. Frye también había enviado maestros cubanos a Harvard con una estrategia "americanizadora"–; se promulgaron leyes para transformar la Escuela Insular en un departamento de la nueva Universidad de Puerto Rico, en Río Piedras;. Se ofreció la posibilidad de un examen anual de inglés a todos los profesores portorriqueños, destinado a aumentar la competencia profesional; se estableció un sistema de clasificación de maestros en la que la puntuación obtenida en los exámenes de inglés era un criterio importante para la selección del profesorado.[163]

Un nuevo Comisionado en Educación en Puerto Rico, el norteamericano Roland P. Falkner (1904-1907), se encargó de las gestiones para convertir el inglés en el idioma de la enseñanza, situación que se mantuvo vigente desde 1905 hasta 1916, pese a las reticencias de la población: *La resistencia de los puertorriqueños a utilizar el idioma inglés como medio de enseñanza, ya era latente mucho antes que el comisionado Falkner impusiera su nueva técnica sobre el idioma. En 1900, un órgano de defensa de los profesores puertorriqueños, el diario conocido por el nombre de "La Educación Moderna", en sus páginas incluía artículos*

---

163 Véase: LÓPEZ LAGUERRE (1998), p. 1-20.

que protestaban por este sistema de enseñanza.[164] El Plan Falkner fue conocido como el Plan filipino, ya que derivaba de la política idiomática implantada en las Islas Filipinas. El objetivo principal era hacer del inglés el instrumento de instrucción y no una asignatura del programa de estudios. Dicho Comisionado reconoció la esterilidad del uso de textos norteamericanos y manifestó la necesidad de que los materiales de lectura se adaptasen al medio portorriqueño. En este sentido, el partido de orientación autonomista fundado en 1904, la Unión de Puerto Rico, reivindicaba en su programa de 1913, y en el apartado sobre el régimen de instrucción pública: *Enseñanza en idioma castellano, en todos los grados: enseñanza inglés como asignatura preferente, desde el quinto grado en adelante (...) La Unión declara que la instrucción pública es la base sobre la cual descansa todo bien entendida democracia.*[165]

La etapa inaugurada a partir de 1898 representó para Puerto Rico, más allá del dominio político absoluto norteamericano, una injerencia a su idioma, tradiciones y costumbres propias –recordemos la referencia anterior en torno a la bandera, en comparación a la cubana–, situación aceptada, incluso, por Luis Muñoz Rivera, líder del Partido Liberal Fusionista y Secretario de Gobernación, Gracia y Justicia en el breve gobierno autonómico: *Y, para ser nosotros buenos y leales puertorriqueños, no podemos ser, no debemos ser en absoluto y sin reservas, otra cosa que buenos y leales americanos.*[166] Así y todo, el propio Muñoz Rivera, en 1902, y después de la aprobación de una ley que obligaba al uso de la lengua inglesa en los asuntos públicos, manifestó: "soy español, por la sangre de mis abuelos, por mi culto a las artes y a las letras, por mis sentimientos de simpatía hacia los civilizadores del hemisferio en que llegué a la vida".[167]

Estados Unidos impuso, pues, métodos –más explícitos que sutiles– con el objetivo de transformar radicalmente la esencia autóctona. Aparte de la escuela y de la exigencia lingüística, también intervinieron tendenciosamente en el ámbito de las tradiciones y de los símbolos.

---

164 NEGRÓN DE MONTILLA (1998), p. 119.

165 El programa de 1913 fue reproducido, también, en el *Programa aprobado en la Asamblea Magna de la Unión de Puerto Rico,* 11 de setiembre de 1920, Imprenta San Juan. El párrafo mencionado corresponde a la página 12.

166 "Discurso de Muñoz Rivera al regresar de los Estados Unidos", en MUÑOZ RIVERA (1925), p. 237.

167 Citado por ARANA SOTO (1968), p. 73.

Lola Rodríguez de Tió (Gentileza de B. Ferrer)

En un contexto de enorme influencia norteamericana y del temor que provocaba su poder en Puerto Rico, resulta muy significativa la génesis y posterior transformación del himno nacional portorriqueño, conocido popularmente con el nombre de La Borinqueña. Música y letra fueron compuestas en 1903 por Manuel Fernández Juncos y desde el primer momento se enseñó en las escuelas del país. El título hace referencia al nombre aborigen taíno que designaba la isla de Puerto Rico, Boriquen o borinquen.

Originariamente, la música había sido escrita por Félix Astol Artés, en 1867, con voluntad de danza habanera de lírica romántica. En 1868, Lola Rodríguez de Tió, poetisa portorriqueña, defensora de los derechos de las mujeres, de la abolición de la esclavitud y de la independencia de Puerto Rico, escribió un poema en apoyo de la revolución portorriqueña, poema que serviría de letra para la música de Félix Astol. Dado que fue catalogado como demasiado subversivo para oficializar su letra, se creó otra, menos conflictiva, a cargo de Manuel Fernández Juncos. Observemos la notable diferencia de "mensaje" entre ambos himnos:

Versión revolucionaria original. (Letra de Lola Rodríguez de Tió, 1867):

> *¡Despierta, Borinqueño*
> *que han dado la señal!*
> *¡Despierta de ese sueño*
> *que es hora de luchar!*
> *A ese llamar patriótico*
> *¿no arde tu corazón?*
> *¡Ven! Nos será simpático*
> *el ruido del cañón.*
> *Nosotros queremos*
> *la libertad,*
> *y nuestro machete*
> *nos la dará...*
> *y nuestro machete*
> *nos la dará...*
> *Vámonos, borinqueños,*
> *vámonos ya,*
> *que nos espera ansiosa,*
> *ansiosa la libertad*
> *¡la libertad, la libertad!*

Versión a partir del dominio norteamericano. (Letra de Manuel Fernández Juncos, 1903):

> *La tierra de Borinquen*
> *donde he nacido yo,*
> *es un jardín florido*
> *de mágico primor.*

Un cielo siempre nítido
le sirve de dosel.
Y dan arrullos plácidos
las olas a sus pies.
Cuando a sus playas llegó Colón;
exclamó lleno de admiración:
"¡Oh! ¡Oh! ¡Oh!
Esta es la linda tierra
que busco yo".
Es Borinquen la hija,
la hija del mar y el sol.
Del mar y el sol.
Del mar y el sol.
Del mar y el sol.
Del mar y el sol.

Comprobamos cómo la versión renovada, y adaptada al gusto norteamericano, se reduce a cantar al jardín florido de la patria, personificada en Borinquen, la hija del mar y del sol. No hace referencia a ningún pasado glorioso, ni a luchas de liberación nacional, ni a ningún "nosotros" colectivo, sino que el canto es en primera persona.

Como ya hemos comentado en otro capítulo, la Historia –y su enseñanza– constituía un elemento imprescindible para legitimar la identidad, pero también podía ser un instrumento de dominio –por lo que podía representar de justificación y persuasión– por parte de la metrópoli. Y en este contexto, aparte de la educación en general, de las costumbres o de los símbolos, las reconstrucciones históricas se volvían fundamentales. En tiempos del dominio colonial español se publicó una célebre Historia de Puerto Rico que habría de ejercer una notable influencia posterior. Se trata de la obra de Salvador Brau *Puerto Rico y su Historia*, editada según algunas fuentes en 1892 –y reeditada, dos años más tarde, en versión aumentada en Valencia, que es la que hemos consultado–. Brau, hijo de catalán y venezolana, era el criollo típico, asociado a la naciente burguesía comercial que aspiraba al librecambismo por los beneficios que podía implicar para su clase social y para su identificación con la plenitud moderna. Se trataba de un intelectual autodidacta, que se relacionó con figuras como el antes nombrado Manuel Fernández Juncos. Brau planteaba la existencia en Puerto Rico de tres razas: indígena, africana y española, la cuales configuraron el carácter del portorriqueño. Tal y como explica M. Teresa Cortés, Brau establece una jerarquía en el legado derivado de cada una de las razas cuando las orienta hacia los valores nacionales constitutivos. Antepone entonces la sociedad del elemento "civilizador", es decir, ibérico, e implícitamente construye en su discurso un "ellos" y un "nosotros". Para él, la nación portorriqueña y la cultura nacional son patrimonio de la cultura hispano-criolla. Por una parte, reivindica su herencia española, pero cuando se refiere al Estado español lo asume como un Estado opresivo y no puede menos que reconocer la violencia que caracterizaba a su propio pasado, y en la cual afirma la pertenencia de sus ideas políticas y el derecho de Puerto Rico.[168] Con posterioridad a 1898, la Historia de Salvador Brau fue utilizada como libro de texto escolar.

En los primeros años de ocupación americana, los EEUU procuraron reescribir la Historia de Puerto Rico, para ofrecer la imagen de una Isla que salía de las miserias provocadas por el dominio colonial español y entraba en una nueva era de modernidad y progreso. De entrada, sin embargo, hemos de resaltar un gran inconveniente: muchos de los funcionarios que llegaron a Puerto Rico para cumplir la "misión civilizadora" poseían conocimientos ínfimos de la sociedad portorriqueña. La tarea de reescribir –y americanizar– la "nueva" Historia de Puerto Rico se encomendó, de entrada, a dos historiadores norteamericanos: Rudolph A. Van Middledyck, autor de *History of Porto Rico* (1903) y Edward Wilson, autor de *Political History of Porto Rico* (1905). El gran objetivo de estas obras era deslegitimar el gobierno colonial español: Van Middledyck describe una Historia de Puerto Rico durante los cuatro siglos de administración española, en los cuales considera que se establecieron los fundamentos corrompidos de la civilización occidental. A criterio de Mario Cancel –compartidos en la tesis de Pablo Samuel Torres– esta Historia: "representa un acontecimiento singular dentro de la historiografía puertorriqueña", dado que ofrece "pistas sobre los mecanismos de invención de una imagen del pasado puertorriqueño por parte de los estadounidenses", así como "para apropiar las preconcepciones compartidas por un sector

---

168 CORTÉS ZAVALA (1997), p. 761-782.

de los intelectuales orgánicos estadounidenses en torno a la cultura española como signo de un pasado que frenaba la modernidad".[169]

En definitiva. Puerto Rico iniciaba, con el siglo xx, la difícil misión de procurar compatibilizar su tradición y su historia con los elementos de la modernidad y el progreso representados por los EEUU. Y tengamos presente que, mientras en Cuba la preocupación por explicar su Historia desde una visión radicalmente nacionalista se convertía en un objetivo primordial, en Puerto Rico la realidad de la política educativa era muy diferente, con un país, según hemos visto, muy americanizado, en el que la enseñanza de la Historia ocupaba un peldaño muy por debajo en los planes de estudio, que priorizaban sin tapujos la enseñanza de la lengua inglesa, la Aritmética y la Geografía.

Al socaire de la idea expresada por Mario Cancel sobre la Historia de Van Middledyck, resultan de sumo interés las reflexiones entorno de la construcción identitaria portorriqueña a partir del análisis del cuento de Luis López Nieves, "Seva: historia de la primera invasión norteamericana de la Isla de Puerto Rico ocurrida en mayo de 1898", publicado en 1983. El cuento explica la brutal y cruenta invasión del pequeño poblado de Seva hasta su total aniquilación. El hecho más destacable es que, al publicarse el cuento, muchos intelectuales portorriqueños pensaron que los acontecimientos descritos eran verídicos, llegando a calificarlos de "descubrimiento de gran envergadura histórica". Se trata de una manera de inventar un pasado, de origen real, que justifique la existencia de la nacionalidad en el presente. Autores como Doris Summer, consideran que algunos escritores latinoamericanos utilizaron la literatura para cubrir los vacíos de la historia y para poder proyectar un futuro ideal para sus naciones. Esta corriente de opinión defiende que dichos escritores aprovechen las lagunas documentales –y quizás reales– para construir relatos a medio camino entre la ficción y la realidad que legitimen la nación emergente y que serán utilizados posteriormente: "Generaciones de escritores y lectores en América Latina así lo han asumido; y han producido y consumido novelas fundacionales como parte del proceso general de construcción de la nación".[170] Este tipo de literatura ha sido

---

169 CANCEL (2011), p. 51.

170 SUMMER (1993), p. 71-98.

encajado en los planteamientos, antes citados, de Anderson, Gellner o Hobsbawn, cuando hablan de "naciones imaginadas".

López Nieves explica que concibió su cuento "Seva" al descubrir la grandilocuencia de la épica española que contrastaba con la escasa épica nacional portorriqueña: *En ese momento decidió que "reescribiría la historia de Puerto Rico como debió ser, o como yo quiero que sea". Su objetivo sería "crear una leyenda tan admirable como la Numancia de los españoles, como la Troya de los antiguos o como la Playa Girón de los cubanos de hoy... Quise inventar una leyenda, un mito."*[171]

De todos modos, "Seva" y otras narraciones de ficción, consideradas como "invenciones intencionadas", han sido definidas como un mecanismo de autodefensa, como preservación de un pasado propio que imperios o estados dominantes han querido ocultar. Silenciar la historia de colectivos o comunidades es una práctica habitual del poder, denunciada en el caso catalán en el simposio "España contra Cataluña: una mirada histórica (1714-2014)", celebrado en Barcelona en 2013: *Como la historia de las naciones la escriben –y difunden por todas las vías– quienes más cercanos se encuentran a los vencedores, la historia de los grupos o países sin estado propio es o bien una historia oculta, tapada, o, sencillamente no existe. O bien se trata de una historia susceptible de ser manipulada o falsificada.*[172]

El poeta portorriqueño José Manuel Torres Santiago, sitúa "Seva" en este contexto y le otorga otra dimensión: *Seva es la conciencia, el alma, la raíz que no ha ocultado la invasión norteamericana. Quien se crea que López Nieves nos ha cogido de tontos es un ignorante que olvida y evade eso mismo. Como nos han cogido de tontos a través de nuestra historia: destruyendo lo que hemos sido (y somos), enmascarándonos, cultivando el olvido, desmemoriándonos, sumiéndonos en la embriaguez de la superficialidad y en los sueños de los paraísos artificiales. Seva es la verdad de lo que somos: la verdadera historia del heroísmo portorriqueño.*[173] A veces, la propia historiografía latinoamericana ha procurado justificar el valor documental de testimonios de una objetividad cuestionable, pontificando el rigor de la investigación. Sería el caso analizado referido a la construcción del mito del mambí

---

171 PABÓN (1996), p. 553.

172 ROCA (2014), p. 295.

173 RAMOS (1984), p. 77.

cubano y de las fuentes documentales exploradas por Blancamar León Rosabal: *Si admitimos que los textos analizados pudieron ser articulados al mito, entonces parecería inconveniente emplearlos para "historiar" al mambí. Repugna a nuestras mentes la idea de basar la reconstrucción de una realidad histórica sobre documentos cuya intención misma es ya reconstructora. Evidentemente, lo historiable aquí es el caso mismo de la escritura, con todo lo que tiene de "real".*[174]

Sin duda, los primeros años de dominio norteamericano disiparon cualquier duda en relación a las verdaderas intenciones de la nueva metrópoli, a pesar de que con el cambio de soberanía, en 1898, la clase política portorriqueña pensó que entraba en una nueva dimensión histórica, en la que la relación con EEUU representaría la solución de muchos de los problemas que tenía planteados la sociedad de Puerto Rico. El propio Partido Unión de Puerto Rico –fundado por Luis Muñoz Rivera y otros líderes autonomistas– manifestaba la confianza que le inspiraba el gobierno norteamericano, a la vez que expresaba sus dudas en la capacidad de los portorriqueños para asumir responsabilidades: *El gran pueblo Americano conoce el carácter puertorriqueño y sabe que aquí se aman, acatan y respetan sus principios democráticos y que somos un pueblo humilde, noble, generoso, honrado, que sabemos agradecer y estimar el bien que se nos hace (…) los hombres de Puerto Rico viven confiados firmemente seguros de que nuestra Metrópoli nos hará copartícipes de sus hermosos principios libertarios cuando todos estemos debidamente preparados e identificados con el verdadero y santo amor a la Libertad.*[175] Compartía este punto de vista Mariano Abril y Ostalo, periodista y escritor que había sido encarcelado –posteriormente se exilió a Francia– por el gobierno colonial español a raíz de sus críticas a través del periódico *La Democracia*, del cual era director. Abril fue diputado y senador por el Partido Unión de Puerto Rico de Luis Muñoz Rivera. Mariano Abril se lamentaba de la escasa preparación intelectual de los ciudadanos portorriqueños, y lo atribuía al hecho de su encierro y aislamiento en la Isla. Proponía enviar jóvenes a EEUU a formarse: *y dentro de pocos años Puerto Rico será americano, no porque á este país haya venido una irrupción de yankees á absorbernos, sino porque*

---

174 León Rosabal (1997), p. 81.
175 Valle y Vélez (1923), p. 9.

sus hijos se habrán educado á la americana, y nos traerán sus usos, sus costumbres, su idioma, su progreso, su actividad, en una palabra, el espíritu de aquel gran pueblo, para infiltrarlo en el cuerpo muerto de la decadencia española.[176]

Los miembros de la élite criolla se consideraban, tal y como lo explica Pablo Samuel Torres, aptos para entender las aspiraciones del "pueblo" y, por tanto, los destinatarios para dirigirlo por la senda de la modernidad prometida. En un primer momento, para la gran mayoría de líderes políticos portorriqueños la americanización significó la incorporación de la Isla como un estado federal. Pensaban que así conseguirían el tan anhelado gobierno propio y el libre comercio con el mercado más importante de la región. Sin embargo, se equivocaron al considerar a EEUU como una federación de estados independientes que compartían un circuito comercial y defensivo. Así, antes que nada, los norteamericanos excluyeron a los portorriqueños del ejercicio del poder al considerarlos incapaces para dicha responsabilidad hasta que no fuesen "educados para vivir responsablemente en los tiempos modernos."[177]

El intervencionismo norteamericano y sus políticas no satisficieron, sin embargo, a sectores de la sociedad de Puerto Rico que habían depositado sus esperanzas de mejora social en la nueva situación. Desde esa perspectiva obrerista, Fernando J. Matías, que había dirigido en Ponce el periódico *La Liga Obrera* (1898-1899), constataba que el nuevo gobierno favorecía los intereses de las élites económicas en detrimento de las clases obreras. *La nueva metrópoli, que los acontecimientos de la revolución cubana dio á Puerto Rico, se esperaba tendiera su mano protectora y le librara de la espantosa miseria que llevó à la tumba a millares de infelices. Era necesaria la intervención de sus representantes en quienes descansaba la confianza de los pueblos. Mas no sucedió así. Olvidando ó despreciando la miserable situación por la que atravesaba la colonia, se dedicaron a dividir las masas populares, estableciendo la reacción.*[178]

Desde posiciones declaradamente independentistas, avanzadas ya las primeras décadas de siglo xx, se reclamaba un nuevo orden

---

176 Mariano Abril y Ostalo: "Educación Americana", *La Democracia*, San Juan, 12 de enero de 1899.

177 Torres (2013), p. 23-24.

178 Matías (1903), p. 8.

político que superase el dominio de EEUU. Una figura importante de la corriente independentista fue Vicente Géigel Polanco, abogado de profesión, ensayista, poeta, periodista, jurista, personaje de un gran bagaje cultural e intelectual, que presidió el Ateneo Puertorriqueño y la Sociedad Puertorriqueña de Periodistas, fundó el Instituto de Enseñanza Libre y la Academia Puertorriqueña de Historia, y fue secretario de la Sociedad de Autores Puertorriqueños. Géigel había manifestado que: "Puerto Rico no podía ser un apéndice de otro pueblo, o afirmamos nuestro ser o propiciamos su disolución". Advertía con gran ética y moral al pueblo de EEUU que mantener un régimen colonial atentaba contra el prestigio mismo de la nación americana en el mundo. Y abogaba por que "dos pueblos amigos, como EEUU y Puerto Rico" negociasen nuevas fórmulas de relación entre ellos. Dirigió, también, el periódico *Patria. Órgano de la Juventud* desde donde se lanzaron verdaderas proclamas en favor de la independencia de Puerto Rico: *Amar a la Patria, hacerla grande, conquistarle una bandera y defender su honor y su dignidad, es la misión nuestra, la misión de todos los que tuvieron la gloria de nacer en este Hermoso terruño*" (10 de febrero de 1921). ¡Es el Siglo Veinte! En las prisiones de Irlanda muere Mc-*Swiney, suspirando por la libertad de su Patria. Cien pueblos levantan su voz demandando la independencia política y económica* (…) Y acá, en América, Puerto Rico también reclama su libertad ¿Cómo no unirse al movimiento redentor que sacude la tierra? ¿Por qué permitir que los Estados Unidos le sigan pasando una mano por la cabeza y otra por las suavidades del bolsillo? (15 de abril de 1921). Incluso se publicó un anuncio donde se puede leer: *Ayude a la Juventud. Preste su cooperación a los que tratan de engrandecer a Puerto Rico. Anúnciese en PATRIA. ¿Que usted no tienen qué anunciar? Pues suscríbase a ella.* Tras un paréntesis, la revista reaparecería el mes de diciembre de 1926, con el subtítulo cambiado. Ahora se definía como "Revista Literaria", pero, en el fondo, seguía defendiendo los mismos postulados: *Solamente nos mueve la literatura, al fundar este pequeño Periódico, pero no vacilaremos en tratar asuntos de política en el mismo, si necesario fuera defender desde sus columnas los ideales nacionalistas de Puerto Rico, que son los únicos con que simpatiza nuestra juventud.*

CUBA LIBRE!

Conclusión: el sentimiento de cubanidad no significaba antiespañolismo

LA CULTURA Y la identidad cubanas tuvieron como elemento articulador fundamental la cultura hispánica; naturalmente que con rasgos y tradiciones propias, pero, sin duda, con una fuerte influencia de España. El nacionalismo cubano buscó en su pasado una continuidad que legitimase su presente, pero encontraba múltiples influencias –e interferencias– de la cultura y la historia española que, además, defenderá durante muchos años un proyecto nacional construido a partir del modelo representado por el cubano de raza blanca. La elaboración de un sentimiento nacional puro y desacomplejado no fue fácil, pero después de 1898 se hacía necesaria una ruptura que permitiese una definición inequívoca de la identidad cubana y, en consecuencia, la autoafirmación como país y como nación.

La construcción del sentimiento nacional cubano de las primeras décadas del siglo XX no podía sustentarse, lógicamente, en un discurso en torno al antiespañolismo, a diferencia de lo que sucedió en Portugal a finales del siglo XIX, que fomentaba su proyecto político en un nacionalismo edificado con mitos antiespañoles, como la batalla de Aljubarrota, que tuvo lugar en 1385 entre tropas portuguesas, comandadas por Juan I de Portugal y el ejército de Juan I de Castilla. La batalla se resolvió con la derrota castellana y la consolidación de Juan I como rey de Portugal, el primero de la dinastía Avís; o la restauración de su independencia, en 1640, cuando Portugal entró en guerra contra España y se resolvió definitivamente en 1668 con el reconocimiento de los derechos portugueses por parte de los españoles, con la firma del Tratado de Lisboa. O también, en el caso de la antigua colonia española de Ecuador que, cuatro décadas después de su independencia, ponía letra a su himno nacional con estrofas tan elocuentes como las que mostramos:

Indignados tus hijos del yugo
que te impuso la ibérica audacia,

de la injusta y horrenda desgracia
que pesaba fatal sobre ti,
santa voz a los cielos alzaron,
voz de noble y sin par juramento,
de vengarte del monstruo sangriento,
de romper ese yugo servil.

En Cuba, hasta bien entrado el siglo xix, la plantocracia criolla distinguía perfectamente los términos: Cuba era la patria y España, la nación. Sus anhelos se limitaban, en principio, a alcanzar un mayor grado de poder. No en vano, estos criollos descendían, generalmente, de altos cargos militares, funcionarios o comerciantes peninsulares; por lo tanto, en su origen, se trataba de personas que ya habían formado parte del poder. Sólo a veces, y desde una perspectiva de lucha por el poder, los criollos habían podido esgrimir como instrumento de lucha la condición de "patriota" en oposición a la de español, representado por el gobierno y el funcionariado.

Insistimos en afirmar que en una sociedad como la cubana, muy dividida por conflictos de procedencia y color, el sentimiento nacional tenía que ser lógicamente débil. Esta plantocracia constituida por liberales-reformistas criollos (o anexionistas –partidarios de la integración de Cuba a EEUU–) no consideraban cubanos a los negros, ni siquiera a los originarios de Cuba. El ideólogo cubano José Antonio Saco siempre excluyó del término cubano a los negros. Esta situación se mantendría hasta la segunda mitad del siglo xix, cuando, progresivamente, irán avanzando los postulados independentistas, si bien incluso en el contexto de las guerras de liberación nacional cubana se podían producir situaciones ciertamente contradictorias que explican la existencia de: *múltiples nexos de muy distinto carácter entre españoles y cubanos: el más fuerte sería estar emparentados familiarmente, y el compadrazgo; el más práctico, tener negocios, relaciones de trabajo, y serían usuales las relaciones de amistad.*[179]

El general Amadeo Manuit, natural de Venezuela, que luchó con el ejército cubano en la guerra del 1865-1875, afirmaría en el marco de la contienda: *Ustedes los españoles, nobles y valientes, siempre serán considerados como distinguidos ascendientes de los cubanos; pero si éstos no podrán olvidar su origen, están en cambio resueltos a ser*

---

179 LEÓN ROSABAL (1997), p. 15.

independientes, de igual manera que un buen hijo, por cariñoso que sea, se emancipa por la ley de la patria potestad en llegando á la mayor edad. En este contexto, el militar español Francisco de Camps y Feliu reproduce una conversación que mantuvo con un modesto guajiro, en el marco de la guerra iniciada el año 1868, en la cual el campesino declaraba: "Yo, señor, había sido y soy amante de la nacionalidad española, á la manera que mis padres, si bien me preocupaba más de Cuba que de la nación". Desde una óptica española se puede interpretar que existieron algunas miradas condescendientes hacía la insurrección cubana, en la medida que los mejores valores humanos cubanos se correspondían, o mejor dicho, eran el producto de la influencia española: *no podía menos que admitir y enaltecer á cuantos militaban en las filas insurrectas en razón de las pruebas que tenían dadas, tanto de constancia como de tenacidad en los trabajos sufridos con el propósito de sostener una idea, pero que no le había sido extraño el que así lo hubiesen hecho, cuando tales cualidades eran exclusivamente de la Nación española que las había legado á sus hijos de las Américas.* En 1890 Francesc Camps y Feliu insistía en defender una Cuba española, pero libre de opresiones e imposiciones: *"los cubanos son fieles a España (…) Todos quieren libertades, con la soberanía de España y con las precisas variaciones de clima, raza y costumbres; y aún aquellos que alardean de determinadas ideas allá en lo hondo de su conciencia, son opuestos a la independencia por la más tranquilizadora de las razones, porque no les conviene".* Sin duda, el futuro había de desmentir las apreciaciones del militar.[180]

Se asiste a una aparente contradicción: la cubanía (o sentimiento patriótico cubano) se construía, a criterio de los reformistas, sobre el origen español migratorio, dado que la mayoría de criollos blancos eran descendientes de españoles. O sea, desde un punto de vista político, se discutía la identidad cubana a una metrópoli que se la negaba, pese a que el origen español definía la cubanidad y, por tanto, les otorgaba carta de naturaleza. Si los nacionalistas cubanos rechazaban este planteamiento, significaba que renunciaban, en muchos casos, a sus orígenes filiales, ya que implicaba el rechazo del padre o del abuelo que había venido de España: *Por tanto, el antiespañolismo, en su forma elemental, engendraba de manera inconsciente un cierto*

---

180 Camps y Feliu (1890), p. 23, 114, 211 y 264.

complejo de inferioridad, de ruptura, de disyunción cultural.[181] En muchos hogares cubanos se vivía una verdadera contradicción. Españoles casados con cubanas, hijos criollos y, por lo tanto, conflicto identitario entre el sentimiento nacional cubano y el peninsular (José Martí resultará ser un ejemplo, aunque no estructure su patriotismo cubano a partir del antiespañolismo). Actitudes procubanistas de los hijos podían ser motivo de ofensa para los padres. En este sentido, podríamos considerar que se daba el caso de lo que Josep M. Fradera ha definido, en el contexto de Cataluña, como "doble patriotismo", situación en que los liberales consideraban factible –y deseable– construir una nación española como patria común, pero respetando las diversas identidades peninsulares. Existe una frase popular que ha pervivido hasta nuestros días, que reza: "un español puede tener en Cuba lo que quiera, menos hijos españoles", en clara alusión a los muchos jóvenes peninsulares que llegaron solteros a la Isla (las familias en que los dos cónyuges procediesen de la Península eran casos muy minoritarios).

El origen español de muchos cubanos propiciaba esta situación que hacía difícil renegar –o al menos reprobar– de un cierto sentimiento español. El pedagogo cubano Alejandro María López, en los albores del siglo xx, alerta que el peligro de homogeneización lo representa EEUU, y en cambio, defendía que la enseñanza de la historia cubana, sobre todo la dirigida a los niños, había de ser respetuosa con determinados temas, a fin de no herir sensibilidades: *A nuestras escuelas van hijos de españoles, y de esos hijos de españoles, unos nacidos en Cuba, y otros también en España. La escuela en todos sus actos debe ser cubana; pero estos terceros inocentes nos imponen un respeto sagrado. Como hijos de Cuba esos niños tienen el derecho de no ver ofendidos en la Escuela, ni a sus padres, ni a la patria de sus padres.*[182]

Es posible que el dominio norteamericano generase cierta nostalgia entre la población cubana respecto a sus orígenes españoles. La penetración americana y su interés en cambiar las formas de vida en la Isla provocaron una reacción en el pueblo cubano de acercamiento a sus raíces nacionales. Ciertamente, la idiosincrasia tenía mucha parte de origen español y africano, y prácticamente nada de norteamericano.

---

181 MORENO FRAGINALS (1996), p. 225.

182 LÓPEZ (1900), p. 8.

La identidad cubana tenía que definir unos límites que, pese a los vínculos, la diferenciasen de la cultura de la madre-patria española, pero sobre todo de EEUU, que a principios de siglo xx eran percibidos como el poder y el nuevo dominio colonial, pese a representar la modernidad, el referente mundial y el símbolo del progreso. La fórmula a aplicar, siguiendo el criterio de Consuelo Naranjo, era cultura española en oposición a la cultura norteamericana: *en muchas ocasiones, el referente hispano y la "raza hispana" fueron utilizados como medio de contención de la cultura anglosajona.*[183]

Así pues, y del mismo modo que en Cuba, desde el Estado español diversos sectores políticos reivindicaron sus sentimientos identitarios y propugnaron que ser español no entraba en contradicción con sentirse también catalán, gallego o vasco. En consecuencia, la sociedad catalana no sentía como suyo el proyecto nacional español, aunque, no lo olvidemos, a lo largo del siglo xix la burguesía catalana actuó como excelente compañera de viaje de las propuestas políticas españolas, con el objetivo de no ver perjudicados sus intereses económicos. A medida que iba transcurriendo el siglo xix, sobre todo a partir del último cuarto, se evidenciaba cada vez más un claro divorcio entre la vida oficial española (falsas elecciones, subordinación del poder local al poder central, corrupción política...) y la vida real, en donde la construcción de una sociedad civil catalana, moderna, culta y con una lengua propia reclamaba su propio espacio.

Después de 1898, la "fidelísima Cuba" aún mantenía una cierta lealtad a sus orígenes españoles, pero, sin duda, también estaba necesitada de una ruptura con las visiones y planteamientos continuistas, ya que eso ayudaba a marcar unos orígenes propios y a reafirmar una identidad colectiva. Como bien afirma Consuelo Naranjo: "la épica asociada a las guerras de independencia sirvió como punto de referencia para una diferenciación política, más que cultural, de la nación".[184]

Pese a la progresiva consolidación nacional cubana de inicios del siglo xx, la imagen de la cultura y la historia española como parte integrante de la identidad cubana se vio reforzada con la llegada de nuevos jóvenes emigrantes procedentes del Estado español, y que

---

183 Naranjo (2006), p. 31.

184 Naranjo (2005), p. 856.

se prolongó de modo sostenido durante casi tres décadas, debido sobre todo al modelo exitoso de la economía cubana, que permitió reproducir la estrategia de la emigración en red, practicada durante el siglo XIX, consistente en el agrupamiento de familiares, amigos y vecinos de ciudadanos españoles ya establecidos en la Isla. La continuidad de la penetración demográfica en la Isla rearmó de argumentos las propuestas del intelectual cubano Fernando Ortiz, de crear una nueva patria cubana desde la integración más general. Ortiz, en una conferencia pronunciada en el Teatro Nacional de La Habana, en 1912, ante los socios del Centro Gallego de la capital cubana, describió la situación nacional cubana como de crisis, provocada por la falta de integración de la población, pero, sobre todo, por la falta de sentimiento de pertenencia a una nación, e invitó a los gallegos –y por extensión, a todos los españoles– a integrarse en el proyecto nacional cubano: *porque yo creo que el problema fundamental de esta tierra consiste en vigorizar en el pueblo el amor al terruño ... (...) por ello os pido con todo el fervor de mi alma a todos vosotros, maestros y padres de pequeños compatriotas míos, que cumpláis como buenos y sigáis el patriótico consejo: inspirad en vuestros hijos el mismo amor a la patria que sentís vosotros, que después de todo, bien lo merece Cuba, mi patria querida. Porque si bella es Galicia, bien lo merece Cuba, mi patria querida.* [185]

El siglo XIX había nutrido de múltiples argumentos la construcción de una nueva Historia cubana que había de proyectar sus contenidos, con la Isla liberada del dominio español, hacia el fortalecimiento de una conciencia histórica. Los conceptos de patria y de independencia dominaban la terminología docente. Esta simplificación a la hora de transmitir los sentimientos se acompañaba de una verdadera tarea de renovación pedagógica. El dirigismo ideológico inculcado a los niños se mezclaba con unas metodologías docentes absolutamente innovadoras. El espíritu crítico de los alumnos se desarrollaba sin, y al contrario lógicamente, discutir elementos de identidad. El enemigo exterior que podía complicar el proceso de concienciación nacional ya no era España: su lugar había sido ocupado por EEUU, que era visto por sectores cubanos como un posible factor de "descubanización" de Cuba. La existencia real –o imaginada – de un enemigo externo propiciaba –y potenciaba – políticas radicales que propugnaban la

---

185 RIVEREND BRUSONE (1973), p. 61-67.

unión del pueblo cubano. Dar sentido a esta unión era una tarea encomendada, sobre todo, a la escuela, que había de transmitir una potente carga de valores identitarios que tenían en las grandes gestas del siglo xix sus referentes.

Índice onomástico

Géigel Polanco, Vicente: 139.
Gellner, Ernest: 27, 136.
Gener Batet, Josep: 90.
Gil de Zárate, Antonio: 55.
Giner de los Ríos, Francisco: 84, 119, 120.
Giori, Pablo: 34.
Gómez Toro, Francisco: 108.
Gómez, Máximo: 24, 80, 108, 121, 124.
González, José Luis: 126.
González, Rogelio: 88.
Gregori Torada, Nuria: 25.
Guerra, Ramiro: 28, 42, 85, 99, 105, 117, 118, 123.
Guiteras, Pedro José: 104.
Hastings, Adrian: 28.
Hayes, Carlton: 59.
Herder, Johann G: 32.
Heredia, José Maria: 43, 123.
Hernández Alfonso, María de Jesús: 87.
Hidalgo, Bartolomé: 42.
Hobsbawn, Eric: 27, 29, 58, 136.
Hostos, Eugenio María de: 120.
Ibarra, Jorge: 126.
Iglesias, Marial: 86, 123.
Ignatieff, Michael: 11.
Infante, Joaquín: 38.
Isidoro de Sevilla: 10.
Joyce, James: 11
Juan I de Castilla: 141.
Juan I de Portugal: 141.
Jujol, Josep Maria: 19.
Klee, Paul: 7.
Kosturica, Emir: 11.
Laffita Menocal, Beatriz: 25.
Lafuente, Modesto: 100, 101.
Lanao, Pau: 90, 115.
Larra, Mariano José: 66.
León Rosabal, Blancamar: 34, 81, 110-112, 137, 142.
Llobera, Josep Ramon: 27, 28.

Llorens i Masdeu, Eduard: 65.
López Borrero, Ángela: 128.
López Civeira, Francisca: 76, 79.
López Laguerre, María M: 129.
López Nieves, Luis: 135, 136.
López Soler, Ramon: 69.
López Vela, Roberto: 100.
López, Alejandro María: 84, 144.
Loyola, Ignacio de: 94.
Loyola, Óscar: 37, 76, 79.
Luengo, Félix: 60.
Lugo Amador, Luis A: 18, 25
Luz y Caballero, José de la: 40, 45, 88, 96, 121, 124.
Luz, Román de la: 38.
Maceo, Antonio: 108, 121, 123, 124.
Macià, Francesc: 18, 31.
Maloetti, Laura: 123.
Manuit, Amadeo: 142.
Marchetti, Giuseppe: 112.
Marchetti, Luigi Giuseppe: 112.
Marfany, Joan-Lluís: 60, 97, 98, 100, 101.
Mariana, Juan de: 100.
Marquès, Salomó: 94, 96, 119.
Martí, Carlos: 88.
Martí, José: 51, 53, 78, 80, 81, 115, 120, 121, 123, 124, 144.
Martínez Masdeu, Edgar: 126.
Martínez Nadal, Rafael: 31.
Martínez, Urbano: 43, 93.
Mas, Roger: 9.
Matías, Fernando J: 138.
Mattei, Luis: 10.
Maura, Antonio: 66.
McSwiney, Terence: 139.
Mejía, Domingo: 91.
Mejía, Juan Luis: 51.
Mendoza, Eduardo: 19.

Menéndez Pidal, Ramón: 64, 101.
Meza, Ramón: 89, 114.
Mimó, Claudi: 31.
Mitjans, Aureli: 43.
Molina, Fernando: 60.
Monte, Domingo del: 40, 42, 43, 45, 47, 48, 89.
Montllor, Ovidi: 19.
Montori, Arturo: 96, 106, 123, 124.
Montoro, Rafael: 124.
Morales y Morales, Vidal: 104, 105.
Moreno Fraginals, Manuel: 144.
Moreno Luzón, Javier: 60.
Moyano, Claudio: 55.
Muñoz Rivera, Luis: 130, 137.
Naranjo, Consuelo: 52, 53, 145.
Negrón de Montilla, Aida: 130.
Núñez, Jorge: 107.
Núñez, Xosé Manoel: 35, 83.
Oliver, Joan: 13.
Ortega y Gasset, José: 66.
Orteu, Josep M: 25
Ortiz, Fernando: 48, 52, 53, 94, 146.
Pabón, Carlos E: 12, 16, 28, 136.
Pavía, Manuel: 74.
Pedrolo, Manuel de: 14.
Pella i Forgas, Josep: 70, 72.
Penabad, Alejandrina: 86.
Perejaume: 8.
Peret: 19.
Pérez de la Riva, Juan: 49.
Pérez Garzón, Juan Sisinio: 66.
Pi i Margall, Francesc: 18, 119, 121.
Pichi, Josep: 119.
Picó, Fernando: 19.
Piferrer, Pau: 100.
Piña, Guillermo A: 108.
Pla, Albert: 19.
Poveda, Francisco: 42, 43.

Bibliografia citada

Almanaque de la Isla de Puerto Rico. Revista de Agricultura, Industria y Comercio, Imprenta de Acosta, 1889.

ALMODÓVAR MUÑOZ, Carmen: "La escuela primaria cubana en el período de ocupación", en Naranjo; Puig-Samper; García (eds.), *La Nación Soñada: Cuba, Puerto Rico y Filipinas ante el 98*, Madrid, Doce Calles, 1996.

ALTAMIRA, Rafael: *Psicología del pueblo español*, Madrid, Biblioteca Nueva, 1997.

ÁLVAREZ JUNCO, José: *Mater Dolorosa. La idea de España en el siglo XIX*, Madrid, Taurus, 2001.

—: *Dioses útiles. Naciones y nacionalismos*, Barcelona, Galaxia Gutenberg, 2016.

ÁLVAREZ JUNCO, J; DE LA FUENTE, G: *El relato nacional: Historia de la historia de España*, Madrid, Taurus, 2017.

AMICIS, Edmundo de: *Corazón: diario de un niño*, México, Océano, 2015.

ANDERSON, Benedict: *Comunitats imaginades: reflexions sobre l'origen i la propagació del nacionalisme*, València, Afers, 2005.

ANGUERA, Pere: "Españolismo y catalanidad en la historiografía catalana decimonónica", en *Hispania*, Madrid, vol. LXI/3, núm. 209, CSIC, 2001, p. 907-932.

ARANA SOTO, Salvador: *Luis Muñoz Rivera, savia y sangre de Puerto Rico*, vol. I, "Patria y pensamiento", San Juan, Imprenta de Ediciones Aldecoa, 1968.

ARCHILÉS, Ferran: "Hacer región es hacer patria. La región en el imaginario de la nación española de la Restauración", en *Ayer*, núm. 64, 2006, p. 121-147.

BACARDÍ MOREAU, Emilio: *Crónicas de Santiago de Cuba*, Tipografía Arroyo Hermanos, Santiago de Cuba, 1924, Tom X.

BANTI, Alberto Mario: *Sublime madre nostra. La nazione italiana del Risorgimento al fascismo*, Milan, Laterza, 2011.

BERGAD, Laird W: "¿Dos alas del mismo pájaro? Notas sobre la historia socioeconómica de Cuba y Puerto Rico", en *Historia y Sociedad*, núm. 1, Puerto Rico, 1988, p. 143-154.

BUSTAMENTE, Luis J: *Enciclopedia Popular Cubana*. La Habana, 1948.

CAMPS Y FELIU, Francisco: *Españoles e insurrectos. Recuerdos de la guerra de Cuba*, La Habana, Establecimiento Tipográfico de A. Álvarez, 1890.

CANCEL, Mario: "La arquitectura historiográfica en *The History of Puerto Rico* (1903) de Rudolph Van Middledyck", en José Anazagasty Rodríguez y Mario Cancel, *Porto Rico: hecho en Estados Unidos*, Cabo Rojo, Editora Educación Emergente, 2011.

CANO, Miguel Ángel: *La enseñanza de la historia en la escuela primaria*, Santiago de Cuba, 1918.

CANTÓN NAVARRO, José: *Historia de Cuba*, La Habana, Editorial SI-MAR, 1996.

CASANOVAS CODINA, Joan: *¡O pan, o plomo!. Los trabajadores urbanos y el colonialismo español en Cuba, 1850-1898*, Madrid, Siglo XXI, 2000.

CATTINI, Giovanni C: "Los regionalistas catalanes en la España de la Restauración: la plataforma de *La España Regional* (1886-1893), en *Bulletin d'Histoire Contemporaine de l'Espagne*, núm. 45, Université de Provence, 2011, p. 19-42.

—: "Myths and symbols in the political culture of Catalan nationalism (1880-1914)", en *Nations and Nationalism*, Journal of the Associaton for the study of ethnicity and nationalism, núm. 21, juliol 2015, p. 445-460.

Centón Epistolario de Domingo del Monte, La Habana, El Siglo XX, 1923-1957, 7 vols.

COLOMINES, Agustí: "Cataluña en la España contemporánea. Interpretaciones sobre la identidad nacional", en Francisco Colom González (ed), *Relatos de Nación. La construcción de las identidades nacionales en el mundo hispánico*, Madrid, Iberoamericana, vol. I, 2005.

CORDOVÍ NÚÑEZ, Yoel: *Magisterio y nacionalismo en las escuelas públicas de Cuba (1899-1920)*, La Habana, Instituto Cubano del Libro, 2012.

CORTÉS ZAVALA, María Teresa: "La memoria nacional puertorriqueña en Salvador Brau", a *Revista de Indias*, vol. LVII, núm. 211, 1997.

Costa, Lluís: *El nacionalisme cubà i Catalunya. Comunicació política, social i cultural entre Cuba i Catalunya*, Barcelona, Publicacions de l'Abadia de Montserrat, 2006.

—: *Cuba i el catalanisme*, Barcelona, Rafael Dalmau Editors, 2013a.

—: "Prensa y nacionalismo catalán en la Cuba del siglo XIX", en Lafitta & García & Sánchez (eds.), *Cuba y Cataluña: encuentro de pueblos y culturas*, La Habana, Editorial UH, 2013b, p. 177-206.

Cruz, Mary: *El Mayor*, La Habana, Instituto Cubano del Libro, 1972.

Cubano, Astrid: "Societat i identitat nacional a Cuba i Puerto Rico: un apropament comparatiu (1868-1898), en *L'Avenç*, núm. 195, Barcelona, 1995, p. 6-11.

Deutsch, Karl: *Nationalism and Social Communication*, Cambridge, M.I.T. Press, 1954.

Esteban De Vega, Mariano; De La Calle Velasco, M.D. (eds.): *Procesos de nacionalización en la España contemporánea*, Salamanca, Ediciones Universidad de Salamanca, 2010.

Fernández Valdés, Manuel: *Motivos escolares*, La Habana, Imprenta y Papelería de Rambla y Bouza, 1906.

Figarola-Caneda, Domingo: *José Antonio Saco. Documentos para su vida*, La Habana, Imprenta El Siglo XXI, 1921.

Fontana, Josep: *La Historia*, Barcelona, Salvat, 1980.

—: "La fi de l'antic règim i la industrialització", en Pierre Vilar, *Història de Catalunya*, Vol. V, Barcelona, 1988.

—: *La construcció de la identitat*, Barcelona, Editorial Base, 2005.

Fradera, Josep M: *Colonias para después de un imperio*, Barcelona, Edicions Bellaterra, 2005.

Gabriel, Pere; Pomés, Jordi; Fernández Gómez, Francisco (eds.): *España Res Pública: nacionalización española e identidades en conflicto (siglos XIX y XX)*, Granada, Comares, 2013.

García, Gervasio L: "La nación antillana: ¿Historia o ficción?", en *Revista del Centro de Investigaciones. Departamento de Historia*, Universidad de Puerto Rico, 2005, p. 9-39.

Gellner, Ernest: *Las teorías del nacionalismo*, Madrid, Alianza, 1988.

Gil De Zárate, Antonio: *De la instrucción pública en España*, Madrid 1855, ed. Facsímil Oviedo, Pentalfa, 3 vols. 1995.

Giori, Pablo: "Factores de nacionalización: nacionalismo, sociedad civil y prácticas culturales", en *Rubrica Contemporanea*, Barcelona, UAB, vol. I, núm.11, 2017, p. 95-113.

GUERRA, Ramiro: *Fines de la educación nacional,* La Habana, Imprenta y Papelería La Propagandista, 1917.

—: *Manual de Historia de Cuba. Desde su descubrimiento hasta 1868,* La Habana, Editorial de Ciencias Sociales, 1971.

HASTINGS, Adrian: *The Construction of Nationhood. Ethnicity, Religion and Nationalism,* Cambridge University Press, 1999.

HAYES, Carlton: *El nacionalismo, una religión,* México, UTEHA, 1966.

HOBSBAWM, Eric: *Naciones y nacionalismo desde 1780,* Barcelona, Crítica, 1991.

IBARRA, Jorge: "Cultura e identidad nacional en el Caribe hispánico: el caso puertorriqueño y cubano", en Naranjo; Puig-Samper; García (eds.), *La Nación Soñada: Cuba, Puerto Rico y Filipinas ante el 98,* Madrid, Doce Calles, 1996.

IGLESIAS, Marial: "José Martí: mito, legitimación y símbolo. La génesis del mito martiano y la emergencia del nacionalismo republicano en Cuba (1895-1920)", en J. A. Piqueras Arenas (ed.), *Diez nuevas miradas de historia de Cuba,* Castelló de la Plana, Publicacions de la Universitat Jaume I, 1998.

—: *Las metáforas del cambio en la vida cotidiana: Cuba 1898-1902,* La Habana, Ediciones La Unión, 2003.

La Escuela de verano para los maestros cubanos, Cambridge, Cuban Summer School, E. W. Wheeler, Cambridge, 1900, p.38.

LAFUENTE, Modesto: *Historia general de España,* tomo I, Madrid, Tip. Mellado, 1861.

LEÓN ROSABAL, Blancamar: *La voz del mambí: imagen y mito,* La Habana, Editorial de Ciencias Sociales, 1997.

LÓPEZ, Alejandro María: *Historia de Cuba en breve compendio,* La Habana, Imprenta y Papelería La Propagandística, 1900.

LÓPEZ BORRERO, Ángela: *Mi escuelita. Educación y arquitectura en Puerto Rico,* Universidad de Puerto Rico, 2005.

LÓPEZ CIVEIRA, Francisca; LOYOLA VEGA, Óscar; SILVA LEÓN, Arnaldo: *Cuba y su historia,* La Habana, Editorial Gente Nueva, 1998.

LÓPEZ LAGUERRE, María M: "Trasfondo histórico de la educación en Puerto Rico", en *Educación. Revista Pedagógica,* vol. 58, Departamento de Educación Gobierno de Puerto Rico, 1998.

LÓPEZ VELA, Roberto: "De Numancia a Zaragoza. La construcción del pasado nacional en las historias de España del ochocientos", en R. García-Cárcel (ed.), *La construcción de las historias de España,* Madrid, Marcial Pons, 2004, p. 195-298.

LUENGO, Félix; MOLINA, Fernando: *Los caminos de la nación. Factores de nacionalización en la España contemporánea*, Granada, Comares, 2016.

LLOBERA, Josep R: *El Dios de la Modernidad. El desarrollo del nacionalismo en Europa occidental*, Barcelona, Anagrama, 1996.

MALOETTI, Laura; WECHSLER, Diana Beatriz: "Iconografías nacionales en el Cono Sur", en Francisco Colom González (ed.), *Relatos de Nación. La construcción de las identidades nacionales en el mundo hispánico*, vol. II, Madrid, Iberoamericana, 2005.

MARFANY, Joan-Lluís: *Nacionalisme español i catalanitat. Cap a una revisió de la Renaixenca*, Barcelona, Edicions 62, 2017.

MARQUÈS, Salomó: *L'escola a Catalunya durant el segle xx. El testimoni de les germanes Macau Julià*, Girona, Lleure, 2002.

MARTÍNEZ, Urbano: *Domingo del Monte y su tiempo*, La Habana, Ediciones Unión, 1997.

—: *Byrne, el verso de la patria*, Matanzas, Editores Matanzas, 2012.

MARTÍNEZ MASDEU, Edgar: "El Jíbaro en la literatura puertorriqueña", a *Revista Chicano-Riqueña*, núm. 4, primavera 1975.

MATÍAS, Fernando J: *La anarquía en Puerto-Rico. Con motivo de los sucesos políticos importantes ocurridos durante el año 1902. Persecuciones y atropellos. Las víctimas del coloniaje*, Ponce, Tipografía de Manuel López, 1903.

MEJÍA, Juan Luis, "Estado-cultura: viejas relaciones, nuevos retos", en Jesús Martín Barbero, Fabio López, Jaime E. Jaramillo, *Cultura y globalización*, Bogotá, Universidad Nacional de Colombia, 1999.

MEZA, Ramón: *La educación en nuestro medio social*, La Habana, Imprenta Avisador Comercial, 1908.

MITJANS, Aureli: *Historia de la Literatura Cubana*, Madrid, Ed. América, 1918.

MOLINA, Fernando: "España no era tan diferente. Regionalismo e identidad nacional en el País Vasco (1868-1898)", en *Ayer*, núm. 64, 2006, p. 179-200.

MONTORI, Arturo: *El problema de la educación nacional*, La Habana, Cuba Pedagógica, 1920.

MORENO ALMENDRAL, Raúl: "La nación de los sujetos: propuestas para una investigación de los fenómenos nacionales a comienzos de la época contemporánea", en *Rubrica Contemporanea*, Barcelona, UAB, vol. I, núm.11, 2017, p. 5-23.

MORENO FRAGINALS, Manuel: *Cuba/España, España/Cuba, Historia común*, Barcelona, Crítica, 1996.

MORENO LUZÓN, Javier (ed.): *Construir España: nacionalismo español y procesos de nacionalización*, Madrid, Centro de Estudios Políticos y Constitucionales, 2007.

MUÑOZ RIVERA, Luis: *Obras completas de Luis Muñoz Rivera*, selección y recopilación de Luis Muñoz Marín, vol. I, *Campañas políticas (1890-1900)*, Madrid, Ed. Puerto Rico, 1925.

NARANJO OROVIO, Consuelo: "En búsqueda de lo nacional: migraciones y racismo en Cuba (1880-1910)", en Naranjo; Puig-Samper; García (eds.), *La Nación Soñada: Cuba, Puerto Rico y Filipinas ante el 98*, Madrid, Doce Calles, 1996.

—: "Blanco sobre negro. Debates en torno a la identidad en Cuba (1898-1920)", en Francisco Colom González (ed.), *Relatos de Nación. La construcción de las identidades nacionales en el mundo hispánico*, Madrid, Iberoamericana, vol. II, 2005, p. 849-868.

—: "En el camino hacia una nación soberana: cultura e identidad en Cuba, 1898-1920", en Martín Rodrigo Alharilla (ed.), *Cuba: de colonia a república*, Madrid, Biblioteca Nueva, 2006, p. 23-39.

NEGRÓN DE MONTILLA, Aida: *La americanización de Puerto Rico y el sistema de instrucción pública*, Editorial de la Universidad de Puerto Rico, 1998.

NÚÑEZ SÁNCHEZ, Jorge: "De Audiencia a Nación. La construcción de la identidad ecuatoriana", en Francisco Colom González (ed.), *Relatos de Nación. La construcción de las identidades nacionales en el mundo hispánico*, Madrid, Iberoamericana, 2005, p. 378-415.

NÚÑEZ SEIXAS, Xosé Manoel (ed.): La construcción de la identidad regional en Europa y España (siglos XIX y XX), Madrid, en *Ayer* núm. 64, 2006.

NÚÑEZ SEIXAS, Xosé Manoel: *Historiographical Approaches to Subnational Identites in Europe. A Reappraisal and Some Suggestions*, en Augusteijn y Storm (eds.), *Region and State* (electronic book).

—: "Nation-building, naciones fuertes y nacionalismos débiles. Algunas reflexiones a vueltapluma", en Teresa Carnero y Ferran Archilés (eds.), *Europa, Espanya, País Valencià: nacionalisme i democracia*, Valencia, Universitat de València, 2007.

PABÓN, Carlos E: "El 98 en el imaginario nacional: Seva o la "Nación Soñada"", en Naranjo; Puig-Samper; García (eds.), *La Nación Soñada: Cuba, Puerto Rico y Filipinas ante el 98*, Madrid, Doce Calles, 1996.

—: *Nación postmortem: Ensayos sobre los tiempos de insoportable ambigüedad*, San Juan de Puerto Rico, Ediciones Callejón, 2002.

PENABAD, Alejandrina: "La educación en Cuba al finalizar el período colonial", en Carmen Almodóvar, *Nuestra Común Historia. En torno al 98*, Madrid, Editorial de Ciencias Sociales, 1996.

PÉREZ DE LA RIVA, Juan: *El barracón y otros ensayos*, La Habana, Editorial de Ciencias Sociales, 1975.

PÉREZ GARZÓN, Juan Sisinio: "Memoria, historia y poder. La construcción de la identidad nacional española", en Francisco Colom González (ed.), *Relatos de Nación. La construcción de las identidades nacionales en el mundo hispánico*, Madrid, Iberoamericana, 2005.

PICH, Josep: "Francisco Pi y Margall y el problema cubano", en Martín Rodrigo Alharilla (ed.), *Cuba: de colonia a república*, Madrid, Biblioteca Nueva, 2006, p. 299-319.

PRAT DE LA RIBA, Enric: *La nacionalitat catalana*, Barcelona, La Cataluña, 1910.

QUINTERO RIVERA, Ángel G; GONZÁLEZ. José Luis, et al: *Puerto Rico: identidad nacional y clases sociales*, San Juan, Editorial Huracán, 1981.

QUIZA, Ricardo: "¡Vaya tu historia aquí!: la socialización del saber histórico", en *El cuento al revés: historia, nacionalismo y poder en Cuba (1902-1930)*, La Habana, Editorial Unicornio, 2003.

RAMOS, Josean: "Seva: un sueño que hizo historia", en Luis López Nieves, *Seva: historia de la primera invasión de la isla de Puerto Rico ocurrido en mayo de 1898*, San Juan, Ed. Cordillera, 1984.

RIQUER, Borja de: *Identitats contemporànies: Catalunya i Espanya*, Barcelona, Eumo Editorial, 2000.

RIQUER, Borja de; UCELAY DA CAL, Enric: "An Analysis of Nationalisms in Spain: A Proposal for an Integrated Historical Model", en Justo Beramendi, Xosé M. Núñez Seixas i Ramón Maíz (eds.), *Nationalism in Europe. Past and Present*, vol. II, Santiago de Compostela, 1994, p. 275-301.

RIVEREND BRUSONE, Julio Le: *La Habana, espacio y vida*, Madrid, Editorial Mapfre, 1992.

—: (selección y prólogo): *Órbita de Fernando Ortiz*, La Habana, Unión de Escritores y Artistas de Cuba, 1973.

ROCA, Francesc: "Les falsificacions/ocultacions de la història de les terres catalanes", en Jaume Sobrequés (dir.): *Vàrem mirar ben al lluny del desert. Actes del simposi Espanya contra Catalunya: una mirada històrica (1714-2014)*", Barcelona, Generalitat de Catalunya/Centre d'Història Contemporània de Catalunya, 2014, p. 295-308.

ROJAS, Rafael, *Isla sin fin. Contribución a la crítica del nacionalismo cubano*, Miami, Ediciones Universal, 1998.

SACO, José Antonio: *Contra la anexión*. Recopilación de sus papeles con prólogo y ultílogo de Fernando Ortiz, La Habana, Editorial de Ciencias Sociales, 1974.

SANGER, J. P, *Informe sobre el Censo de Cuba, 1899*, Washington, Imprenta del Gobierno, 1900.

SANTAELLA, Herminio W: *Geografía de España y sus posesiones ultramarinas*, Ponce, Est. Tipográfico de M. López, 1895.

SAZ, Ismael; ARCHILÉS, Ferran (eds.): *La nación de los españoles: discursos y prácticas del nacionalismo español en la época contemporánea*, València, Universitat de València, 2012.

SERRANO, Carlos: *El nacimiento de Carmen. Símbolos, mitos y nación*, Madrid, Taurus, 1999.

SOBREQUÉS, Jaume (dir.): *Vàrem mirar ben al lluny del desert. Actes del simposi Espanya contra Catalunya: una mirada històrica (1714-2014)*, Barcelona, Generalitat de Catalunya/Centre d'Història Contemporània de Catalunya, 2014.

SOLÀ I GUSSINYER, Pere: *Educació i moviment llibertari a Catalunya (1901-1939)*, Barcelona, Edicions 62, 1980.

SUMMER, Doris: "Irressistible Romance: The Foundational Fictions of Latin America", en Homi K. Bhabha (ed.), *Nation and Narration*, New York, Routledge, 1993.

TERMES, Josep: *Història de Catalunya. De la Revolució de Setembre a la fi de la Guerra Civil*, Barcelona, Edicions 62, 1987.

THIESSE, Anne-Marie: *La Création des identités nationales: Europe XVIIIe-XXe siècle*, Paris, Éditions du Seuil, 1999.

TORRES CASILLAS, Pablo Samuel: *Los cronistas de la americanización: representación y discurso colonial en Puerto Rico (1898-1932)*, Tesis Doctoral, Universidad de Puerto Rico, 2013.

TORRES-CUEVAS, E; LOYOLA, O: *Historia de Cuba. Formación y Liberación de la Nación,* La Habana, Editorial Pueblo y Educación, 2001.

TRUJILLO, José Miguel: *La enseñanza de la historia,* La Habana, Imprenta de Cuba pedagógica, 1914.

UCELAY-DA CAL, Enric: "Cuba y el despertar de los nacionalismos en la España peninsular", en *Historia Contemporánea*, vol. 15, Universidad de Salamanca, 1997, p. 151-192.

—: *El imperialismo catalán*, Barcelona, Edhasa, 2003.

VALLE Y VÉLEZ, Santiago: *La Unión de Puerto Rico está en la cima gloriosa del patriotismo*, San Juan de Puerto Rico, Tipografía La Democracia, 1923.

VAN DER LEEUW, Bárbara: "Regionalismo y nacionalismo en el siglo XIX: la batalla de los conceptos (País Vasco, Flandes y Frisia", en *Rubrica Contemporanea*, Barcelona, UAB, vol. I, núm.11, 2017, p. 45-65.

VILAR, Pierre: "Movimientos nacionales de independencia y clases populares en América Latina", en *Independencia y revolución en América Latina*, Barcelona, Anagrama, 1976, p. 9-51.

—: *Historia marxista, historia en construcción. Ensayo de dialogo con Althusser*, Barcelona, Anagrama, 1975.

VILLOLDO BERTRÁN, Julio: *Necesidad de colegios cubanos*, La Habana, Imprenta El Siglo XX, 1914.

VINYOLES, Carme; LANAO, Pau; TORNS, Miquel: *El besavi va anar a Cuba*, Girona, El Punt, 1998.

ZANETTI, Óscar: "Cuba 1899-1922: iniciación republicana y discurso histórico nacional", en Martín Rodrigo Alharilla (ed.), *Cuba: de colonia a república,* Madrid, Biblioteca Nueva, 2006, p. 43-52.

Sobre el autor

LLUÍS COSTA es Doctor en Historia y Profesor Titular de la Universidad de Girona. Sus líneas de investigación tienen como eje principal la historia de la comunicación y sus relaciones con la sociedad, así como el análisis de los vínculos históricos entre Cuba y Cataluña. Es autor de un notable número de artículos científicos y de divulgación, así como de más de una veintena de libros, entre los que destacamos: *Història de la premsa a la ciutat de Girona (1787-1939)* (1987), *La dictadura de Primo de Rivera (1923-1930). Comunicació i propaganda a les comarques gironines* (1995), *El periodisme* (1996), *Josep Pella i Forgas i el catalanisme* (1997), *L'illa dels somnis. L'emigració de Begur a Cuba al segle XIX* (1999), *El Autonomista: el diari dels Rahola* (2000), *Televisió de Girona. La comunicació de proximitat en l'era de la globalització* (2005), *El nacionalisme cubà i Catalunya* (2006), *La comunicació local* (2009), *La Llumanera de Nova York. Un periòdic entre Catalunya i Amèrica* (2012), *Cuba i el catalanisme. Entre l'autonomia i la independència* (2013) y *Pensar és triomfar. La publicitat a través de la Història* (2015). Director de la obra colectiva *Història de Girona* (2006), y editor de los libros *El patrimoni documental: Catalunya-Cuba* (2007), *Imatge i comunicació a Cuba* (2010), *Comunicació pel canvi social* (2014) y *Comunicació, educació i compromís social* (2017). Ha participado en varios eventos científicos y académicos celebrados en Cuba y ha impartido docencia en la Universidad de Río Piedras en San Juan de Puerto Rico. Es el director del Grupo de Investigación "Comunicación Social e Institucional" de la Universidad de Girona, y el director científico del Campus de la Comunicación de la Universidad de Girona.

www.lluiscosta.net